ACTE V, SCÈNE VI.

# LE RICHE ET LE PAUVRE,

DRAME EN CINQ ACTES ET SIX TABLEAUX,

## Par M. Émile Souvestre,

Représenté pour la première fois, à Paris, sur le théâtre de la Porte-Saint-Martin, le 1<sup>er</sup> février 1837.

| PERSONNAGES. | ACTEURS. | PERSONNAGES. | ACTEURS. |
|---|---|---|---|
| ANTOINE LARRY, avocat. . . . | M. BOCAGE. | LOUISE FORTIN, fiancée d'An- | |
| PILLET, avoué interdit. . . . . | M. ALEXANDRE. | toine. . . . . . . . . . . | M<sup>me</sup> ADOLPHE. |
| ARTHUR SERAN, auditeur au con- | | M<sup>me</sup> V<sup>e</sup> LARRY . . . . . . . | M<sup>me</sup> ASTRUC. |
| seil d'état. . . . . . . . | M. SURVILLE. | FANNY FORTIN. . . . . . . | M<sup>me</sup> MORALÈS. |
| UN PRÊTEUR. . . . . . . . | M. HÉRÊT. | M<sup>me</sup> V<sup>e</sup> SERAN . . . . . . . | M<sup>lle</sup> GEORGES C. |
| UN GARDE DU COMMERCE. . | M. VISSOT. | UNE FEMME DE CHAMBRE. . | M<sup>me</sup> CORDIER. |
| ETIENNE, domestique. . . . . | M. EUGÈNE. | | |

*La scène se passe à Paris.*

# ACTE PREMIER.

Le théâtre représente une arrière-boutique assez pauvre. Sur le devant, à gauche, un bureau sur lequel sont étalés des livres et des papiers. Portes au fond et dans les côtés.

## SCENE PREMIERE.
### ANTOINE, UN PRÊTEUR.

**ANTOINE.** Je vous le répète, monsieur, il faut que vous m'accordiez du temps, je ne puis vous payer maintenant. Vous le voyez, je ne possède rien ; j'habite chez ma mère ; avocat sans clientèle, sans réputation, sans protecteurs... le temps et le travail peuvent seuls me fournir les moyens de solder ces billets.

**LE PRÊTEUR.** Mais, monsieur, lorsque, il y a six mois, vous les avez souscrits, vous deviez prévoir cette impuissance ?.. pourquoi alors prendre des engagemens ?

**ANTOINE.** Eh ! monsieur, ne vous ai-je pas déjà dit dans quelles circonstances j'avais signé ces obligations ?.. une pauvre femme pour laquelle j'ai l'affection d'un fils, M<sup>me</sup> Guibert était malade, et manquait de tout ; il fallait, à tout prix, lui trouver quelques secours ; j'ai cherché partout ; enfin, vous m'avez procuré la somme que je désirais ; je n'ai pris garde ni aux conditions, ni au terme de ces billets; j'avais l'argent, je pouvais retirer M^{me} Guibert de son affreuse position; je ne songeai point à autre chose.

LE PRÊTEUR. Ainsi vous vous êtes engagé avec la certitude de ne pouvoir rembourser?

ANTOINE, *blessé*. Je n'ai point dit cela, monsieur; je me suis engagé avec imprudence peut-être, mais avec loyauté. Lorsque j'empruntai, j'allais être chargé, comme avocat, d'une affaire qui devait m'être fructueuse; elle m'a retenu six mois loin de Paris, et lorsque je l'ai eu mise à fin, un manque de foi m'a frustré de ce qui m'était dû. De retour depuis huit jours seulement, je suis revenu aussi pauvre que j'étais parti.

LE PRÊTEUR. Ces circonstances sont fâcheuses, monsieur, mais je ne puis en subir la conséquence. (*Il regarde l'appartement.*) Quand je vous ai fait ce prêt, j'étais loin de penser que votre situation offrît aussi peu de garanties. (*Regardant Antoine.*) Votre vue ne m'avait point fait croire à un si grand dénûment.

ANTOINE, *avec une profonde émotion.* Monsieur, je n'ai rien fait pour causer cette erreur. Si ma vue ne vous a point dit mon dénûment, c'est que je suis un de ces pauvres qui doivent avoir besoin sans qu'on le sache, et souffrir sans qu'on les plaigne. Pour qu'on ne me ferme point les portes qui me sont encore ouvertes, il faut que je croise bien mes habits sur ma misère. (*Plus amèrement.*) Oh! monsieur, cette propreté indigente que vous accusez, est quelquefois plus cruelle que les haillons eux-mêmes... souvent elle les cache.

LE PRÊTEUR. Mais vous devez avoir des amis plus heureux; voyez-les..... tâchez d'en obtenir quelque chose..... faites argent de tout; je vous laisse jusqu'à demain, puis j'obtiendrai contrainte.

ANTOINE. Faites, monsieur.

LE PRÊTEUR. J'ai l'honneur de vous saluer.

## SCENE II.

### ANTOINE, *seul.*

Une contrainte..! que m'importe ?..la prison sera-t-elle plus triste que cette arrière-boutique où je passe ma vie?.. d'ailleurs, en me perdant, j'aurai du moins sauvé M^{me} Guibert et Louise... Chère Louise! j'ai dû lui cacher que ce secours venait de moi, elle l'eût refusé, car elle me sait trop pauvre pour disposer d'une pareille somme sans quelque sacrifice dangereux. Maintenant, du moins, elles auront le nécessaire... Le terme de la pension de M^{me} Guibert est arrivé, elle la touchera dans quelques jours. (*Il va s'asseoir à son bureau.*) Oh! comme la route est difficile pour le pauvre!

## SCENE III.

### M^{me} LARRY, *entrant par la gauche.* ANTOINE.

M^{me} LARRY. Ah! te voilà de retour... M. Pillet a envoyé des papiers pour toi.

ANTOINE. Je les ai vus, ma mère.

M^{me} LARRY. Est-ce quelque affaire lucrative?

ANTOINE. Les affaires lucratives ne se confient pas à un avocat pauvre et obscur.

M^{me} LARRY. Mais pourquoi aussi es-tu pauvre et obscur?.. c'est de ta faute... tu ne fais aucun effort... tous tes camarades de collège ont réussi, il n'y a que toi qui n'arrives à rien.

ANTOINE, *amèrement*. Toujours, toujours les mêmes reproches, ma mère; vous ne voulez jamais vous rappeler que la position des autres n'était pas la mienne... les autres avaient des relations, des parens, des amis... tandis que moi, fils d'un soldat, gratuitement élevé dans un collège, j'en suis sorti, ne sachant que faire de l'instruction que j'y avais reçue. Devenu étranger à la classe populaire, il m'a fallu tenter une autre voie; trompé par l'éclat de quelques succès d'exception, j'ai choisi le barreau; là est ma faute... Ah! j'aurais dû borner mon ambition à quelque place de copiste; j'aurais dû me résigner à vivre quarante ans au fond de quelque bureau, esclave et ignoré (car on appelle cela vivre...) et quand la vieillesse serait venue, j'aurais trouvé à l'hospice un lit pour mourir.

M^{me} LARRY. Quant à l'hospice, tu ne peux pas manquer d'y arriver, si tu continues. Tu parles de relations, mais pourquoi négliges-tu celles que tu avais? Tiens, veux-tu que je te cite un ami qui aurait pu te servir? M. Launay!.. il t'a déjà été utile.. c'est un homme généreux, dévoué... je te l'ai entendu dire vingt fois à toi-même.

ANTOINE. Croyez-vous que je n'y ai pas songé? Oui, Launay est généreux, dévoué... c'est le seul homme auquel j'aurais pu m'adresser sans rougir... mais vous savez que ses affaires le forcent à de continuels voyages... maintenant encore, il est absent, et j'ignore l'époque de son retour.

M^me **LARRY**. Eh bien! il fallait chercher ailleurs; tu connais d'autres personnes... la famille Séran, par exemple; elle est riche et puissante; M. Arthur, qui a débuté comme avocat en même temps que toi, est déjà au conseil d'état... pourquoi ne pas te recommander de lui? ne pas l'aller voir? c'est un ancien condisciple.

**ANTOINE**. Oui, ma mère, et c'est pour cela même que je ne veux point le voir. Enfant, j'ai assez souffert des dédains de sa mère et des siens; j'ai supporté assez longtemps l'insolente protection qu'ils affectaient pour moi. Homme, je ne veux pas souffrir de nouveau l'affront d'une pareille bienveillance. Le seul mauvais sentiment qui soit dans mon cœur, je le leur dois : ils ont développé chez moi ce vice de la pauvreté méprisée, LA HAINE! Représentans odieux d'une classe, ils m'ont rendu odieuse la classe entière, et j'ai honte de cette faiblesse jalouse dont ils sont la cause.

M^me **LARRY**. Bah! bah! je sais bien ce qui t'empêche de t'occuper de ton avenir. Tu prends l'air d'un homme grave, mais, en définitive, tu ne songes qu'à une amourette; depuis huit jours que tu es revenu, tu es toujours en haut, chez M^me Guibert, tu ne penses qu'à Louise... encore si tu ne faisais que perdre ton temps avec elle; mais vouloir l'épouser... une ouvrière...

**ANTOINE**. Et que sommes-nous donc, nous autres? Ne vivez-vous pas du produit d'une petite boutique de mercerie? mon père n'était-il pas armurier en quittant le service? moi-même, mon titre est un vain nom... que suis-je en effet? le journalier d'un avoué décrié et interdit, l'ouvrier en procédure de M. Pillet.

M^me **LARRY**. Avec ton instruction et ton titre d'avocat, tu pouvais facilement faire un bon mariage.

**ANTOINE**. Ma mère, nous ne nous entendrons jamais... ne parlons pas de cela, j'ai à travailler.

*Il se remet à son bureau.*

M^me **LARRY**, *assise à droite.* Ah! le malheureux! il est décidément fou de cette Louise.

⸎⸎⸎⸎⸎⸎⸎⸎⸎⸎⸎⸎⸎⸎⸎⸎⸎⸎⸎⸎⸎⸎

## SCENE IV.

### Les Mêmes, FANNY.

M^me **LARRY**. Mais que nous veut sa sœur, maintenant?

**FANNY**, *cherchant des yeux, et apercevant Antoine.* Ah! monsieur Larry.

**ANTOINE**. Qu'est-ce, Fanny?

**FANNY**. Mon Dieu!... encore un malheur!..

**ANTOINE**. Comment?

**FANNY**. Vous savez bien, cette pension de notre bonne mère Guibert, qu'elle devait toucher ces jours-ci...

**ANTOINE**. Eh bien?

**FANNY**. Elle est perdue!... le banquier qui la payait vient de faire faillite.

**ANTOINE**. Ah! mon Dieu!...

**FANNY**. Nous avons reçu tout-à-l'heure une lettre qui nous l'annonce; M^me Guibert était déjà bien malade, mais cette nouvelle l'a achevée! Ma sœur et moi, nous venons de la mettre au lit... Je vous en prie, monsieur Antoine, montez près de Louise, pendant que je cours chercher le médecin...

**ANTOINE**. J'y vais, j'y vais.

*Il sort avec Fanny.*

⸎⸎⸎⸎⸎⸎⸎⸎⸎⸎⸎⸎⸎⸎⸎⸎⸎⸎⸎⸎⸎⸎

## SCENE V.

### M^me LARRY, *seule.*

Voilà qu'il y court encore!... oh! cette Louise! je la déteste comme j'ai détesté toute sa famille... ils ont toujours été sur mon chemin. Son père n'a-t-il pas ruiné mon mari, en venant s'établir, et en lui enlevant toutes ses pratiques?.. Sa mère n'a-t-elle pas cherché à me faire chasser de ma boutique, pour prendre mon commerce? Quand elle et sa sœur Fanny sont restées sans ressources, et que sa marraine Guibert a été obligée de les prendre, par charité... j'ai cru, du moins, que j'avais fini avec cette race... et voilà maintenant qu'elle est un obstacle à ce que mon fils s'établisse richement, comme je l'avais espéré!.... Oh! mais je ne souffrirai pas cela!...

⸎⸎⸎⸎⸎⸎⸎⸎⸎⸎⸎⸎⸎⸎⸎⸎⸎⸎⸎⸎⸎⸎

## SCENE VI.

### M^me LARRY, PILLET.

**PILLET**. Bonjour, madame Larry.

M^me **LARRY**. Ah! bonjour, monsieur Pillet.

**PILLET**. Antoine est-il là?

M^me **LARRY**. Il y était tout-à-l'heure... mais il vient encore de remonter chez cette vieille Guibert!..

**PILLET**. Je voudrais bien pourtant lui parler!

M^me **LARRY**. Je vais lui dire que vous êtes ici, ce sera un moyen de le faire descendre.

**PILLET**. Bon... je l'attends.

## SCENE VII.

#### PILLET , *seul, réfléchissant.*

Oui, Antoine est bien l'homme qu'il me faut... La fausse position où je suis placé, par mon interdiction, ne me permet pas d'attaquer mes ennemis ; mais quand j'aurai un gladiateur qui pourra combattre pour moi publiquement, et dont je dirigerai le bras, il me sera facile de les atteindre... Oh! ces Séran qui m'ont déshonoré!... il y a encore huit jours seulement, j'aurais donné la moitié de ma vie pour pouvoir les frapper à quelque point sensible et le hasard m'en a subitement fourni les moyens. (*Il tire des papiers de sa poche.*) Voilà le trésor que j'ai cherché dix ans , et que je n'espérais plus ; des papiers que j'aurais achetés au poids de l'or. Ah!... maître Séran !..... vous qui faites interdire un avoué parce qu'il s'est chargé de la cause des deux parties adverses... voilà de vos œuvres !... complicité de faux par supposition de personnes ! Quel malheur que je n'aie point fait cette découverte il y a cinq ans !.. Il vivait encore alors, l'honnête magistrat... j'aurais pu le voir river à la chaîne de Toulon. (*Il rit.*) Eh! eh! eh! Mais j'aurais tort de me plaindre, car tout , en vérité , semble arrangé comme si j'y avais mis la main. La victime de la friponnerie de Séran se trouve être M^me Guibert, dont ce jeune Larry aime la filleule !... nul doute qu'il ne se charge de l'affaire malgré ses relations avec la famille Séran. Seulement il faut que j'agisse avec adresse. Antoine est sans ressources... et, si je sais m'y prendre , il m'appartiendra... Mais chut! le voici.

## SCENE VIII.

#### PILLET , ANTOINE.

**ANTOINE.** Ah! monsieur, pardon de vous avoir fait attendre !.... mais je ne pouvais quitter ces deux jeunes filles.

**PILLET.** Qu'y a-t-il donc ? vous paraissez tout troublé !...

**ANTOINE.** Et qui ne le serait?... M^me Guibert vient de tout perdre, monsieur; son banquier a fait faillite.

**PILLET ,** *à part.* Dieu! c'est le ciel qui m'envoie cette occasion.

**ANTOINE.** Oui , monsieur, tout perdu; et je suis moi-même sans ressources..... Ah! la pauvreté, c'est le pire de tous les vices, car c'est le seul qui empêche de faire le bien!

**PILLET.** Diable! diable! et l'affaire est trop claire pour qu'on en tire aucun parti?

**ANTOINE.** M^me Guibert avait prêté sur un simple billet.

**PILLET.** Ah!... c'est fâcheux cela!... (*il prend une prise de tabac*) très-fâcheux; (*se mouchant*) voilà les inconvéniens des placemens dans le commerce. Cette pauvre M^me Guibert a toujours été malheureuse... ces vingt mille francs qu'elle perd proviennent, je crois, de la vente de la terre des Rosiers; or , c'est une vente sur laquelle on lui a déjà volé trente mille francs au moins.

**ANTOINE ,** *vivement.* Comment cela?

**PILLET.** Oh! c'est une histoire dont le hasard m'a donné connaissance. Si la bonne femme avait eu un peu d'argent devant elle , et quelqu'un pour la soutenir, il y aurait eu bon parti à tirer de cette affaire, mais entre ses mains , c'est un procès qui mourra dans l'œuf; aussi ne lui en ai-je point parlé.

**ANTOINE.** Racontez-moi tout , monsieur! s'il existe quelque moyen de sauver M^me Guibert de la situation où elle se trouve, rien ne m'arrêtera.

**PILLET.** Y pensez-vous, mon cher Larry? ce serait un débat dont vous ne retireriez que des ennuis , sans aucune compensation. Au reste , vous allez voir vous-même...... j'ai justement là les pièces... par hasard... J'ai toujours comme cela sur moi un dossier pour me distraire... (*Il tire des papiers de sa poche.*) Lorsque M^me Guibert vint loger chez moi, elle me confia tous ses papiers; j'y vis que son mari avait fait vendre les Rosiers pour une somme de cinquante mille francs ; or je savais que cette terre en valait au moins quatre-vingt mille. Je présumai que le notaire chargé de la vente avait profité de la mort du sieur Guibert, décédé à l'étranger, et de l'éloignement de sa veuve, qui habitait alors le Midi, pour s'entendre avec l'acquéreur et frustrer ses commettans...

**ANTOINE.** Mais la preuve de cette fraude?

**PILLET.** Ah! la preuve !.. je l'ai cherchée dix ans... Enfin, il y a quelques jours, en examinant les papiers d'un client... j'ai trouvé une pièce... et la voilà... la voilà, ma preuve, écrite de la main même des coupables, et constatant que , lorsque le notaire vendit les Rosiers , il n'en avait plus le droit, car il connaissait la mort du sieur Guibert...

**ANTOINE ,** *réfléchissant.* Ainsi , on peut prouver le vol commis , l'acte de vente peut être annulé, et M^me Guibert peut recouvrer l'aisance qu'elle a perdue... Je

ous remercie, monsieur, j'entreprends la
ause et je me charge de tout.

**PILLET.** C'est une folie... vous y réflé-
hirez plus mûrement.

**ANTOINE.** Les réflexions sont fatales
orsqu'il y a du danger à faire le bien...
notre raison trouve presque toujours
noyen de duper notre cœur. J'entreprends
a cause, vous-dis-je.. Les noms de l'acquéreur et du notaire?

**PILLET.** Ce sont précisément ces noms
qui rendent l'affaire difficile; le notaire
était maître Clément

**ANTOINE.** Le père de M^me Séran?

**PILLET.** Précisément... et l'acquéreur,
M. Séran lui-même.

**ANTOINE.** Ah! mon Dieu!..

**PILLET.** Vous concevez tout ce qu'il y a
de dangereux à s'attaquer à des gens puissans... il est des occasions où les devoirs
sont trop pénibles.. la position de M^me Guibert est déplorable sans doute, mais, après
tout, elle ne vous est rien, cette femme,
elle n'est pas votre parente, pas même
votre alliée.

**ANTOINE.** Elle est malheureuse, monsieur.

**PILLET.** Sans doute... mais vous pouvez
vous perdre en vous attirant l'inimitié
d'une famille en crédit... Je sais bien que
l'affaire est sûre, que M^me Guibert rentre-
rait immanquablement dans son bien; que
ce serait même une belle cause à plaider,
que celle d'une pauvre vieille femme abandonnée, contre des riches qui l'ont dépouillée... qui l'ont... mais tout cela ne
vous regarde pas; parce qu'une injustice
a été commise, vous n'êtes point obligé
de la faire réparer.

**ANTOINE.** Ah! j'y suis obligé... mais
songez à tout ce que l'on va dire..... Je
connais cette famille Séran... elle a eu
pour moi de ces bontés qui font rougir un
cœur fier, mais dont le monde parle
comme de bienfaits... elle m'a accordé
quelquefois une place au bas de sa table..
si je l'attaque on me traitera d'ingrat...
puis on saura que la filleule de M^me Guibert doit être ma femme..... on dira que
cette cause est la mienne, que j'ai cherché
dans le passé une scandaleuse affaire
pour m'enrichir... l'accusation est si vite
portée contre le pauvre; sa pauvreté est
déjà une prévention contre lui... on le
soupçonne par cela seul qu'il souffre... Si

le monde trouve un côté faible à ma vie, il
en profitera pour arriver jusqu'à mon
honneur.

**PILLET.** C'est précisément ce que je
vous disais tout-à-l'heure... Je sais bien
que l'affaire est trop claire pour qu'on ne
reconnaisse pas sur-le-champ la vérité...
S'il y a un préjugé permanent contre les
pauvres, il y a une jalousie éternelle
contre les riches; le monde se plaît à tout
ce qui les abaisse, il favorise tout ce qui
les montre indignes de leur bonheur.
Comme tous ceux qui ont réussi sans
peine, les Séran ont plus d'envieux que
de partisans, et, quelle que soit leur importance, l'opinion publique sera juste
contre eux.

**ANTOINE.** Le croyez-vous?

**PILLET.** J'en suis sûr! mais, en définitive, cela vous est étranger! chacun pour
soi... Ah! je sais bien qu'on pourrait vous
dire que comme avocat vous êtes obligé
de défendre quiconque a bon droit et ré-
clame votre ministère, mais...

**ANTOINE,** *vivement.* Vous avez raison,
monsieur, mes scrupules sont de coupables faiblesses... je me chargerai de la
cause.

**PILLET,** *vivement et avec joie.* En vérité!
(*Redevenant calme.*) Comme vous voudrez,
mon jeune ami; mais vous ne direz pas
toujours que c'est moi qui vous y ai engagé... je vous ai fait connaître franchement
ma façon de penser.

**ANTOINE,** *prenant les papiers.* Donnez-
moi ces papiers... je veux y réfléchir... en
parler à Louise.. Oui, oui, justice sera
faite.

(Il va à son bureau.)

## SCENE IX.

**PILLET,** *le regardant.*

Eh! eh! eh! va, mon garçon, va, tu
apprendras ce qu'il en coûte pour défendre les faibles... et vous, mes Séran,
prenez garde à vous!... j'ai démuselé mon
lion... Allons, tout va bien. nous allons
avoir un procès... une famille déshonorée..
du bruit, du scandale... (*Il rit.*) Eh! eh!
eh!... (*Regardant à sa montre.*) Je vais
dîner.

Il sort.

## DEUXIEME TABLEAU.

Le théâtre représente une chambre fort pauvre. Au fond une alcôve dont les rideaux sont fermés. Portes à droite et à gauche. Sur le devant une table et une lampe allumée.

### SCENE PREMIERE.

LOUISE, *près de l'alcôve, une potion à la main.* Ma marraine sommeille ; le médecin a dit que cette potion lui procurerait un repos de quelques heures. (*Elle revient près de la table.*) Je sens que le sommeil me gagne malgré moi... cependant il faut que je travaille... (*Elle éteint la lampe.*) Cette broderie est presque achevée ; la maîtresse du magasin m'a promis de me la faire porter moi-même à la personne qui l'a commandée..... M^me de Sartine... c'est une grande dame sans doute...si elle est contente, elle me donnera peut-être d'autre travail, et maintenant c'est là notre seule ressource... il faut que ma sœur Fanny et moi nous subvenions à tout!... qui sait si M. Larry réussira dans l'affaire dont il nous a parlé hier !.. Ah! je désire presque qu'il ne réussisse pas... notre misère du moins empêchera notre mariage... et j'ai peur d'y penser !... mais malgré moi..... mes yeux se ferment..... Allons, du courage.

Elle lutte un instant contre le sommeil, puis s'endort.

### SCENE II.

LOUISE, *endormie* ; ANTOINE, *entrant doucement par la droite.*

ANTOINE. Tout est tranquille !... Fanny m'avait bien dit que la malade était plus calme... Ah! ( *S'approchant de Louise.*) Louise !... Louise. . endormie en travaillant .. Pauvre enfant !..... quelle existence !... et je ne puis rien pour elle !... Aussi, j'évite de la regarder, de peur de voir ses yeux humides... Je feins de ne pas remarquer ses douleurs...elle doit me trouver froid... dur, peut-être ! mais un jour elle connaîtra le fond de mon cœur. Ce n'est pas maintenant l'heure des épanchemens, mais l'heure de la lutte ; restons calme pour être fort, et ne nous occupons que de cette affaire relative aux Séran.

### SCENE III.

LES PRÉCÉDENS, FANNY, *entrant par la gauche*

ANTOINE, *se détournant.* C'est vous, Fanny... prenez garde... vous aller la réveiller... tenez...

LOUISE , *se réveillant.* Mon Dieu! comment ai-je pu m'endormir?... (*Apercevant Antoine.*) Ah! monsieur Larry...

Elle se lève.

ANTOINE. Pardon, Louise ; j'étais monté pour savoir comment se trouvait M^me Guibert, et pour vous parler encore de cette réclamation... J'ai examiné l'affaire, et elle me paraît sûre : j'aurais préféré d'autres adversaires ; cependant, quels qu'ils soient, je leur demanderai justice.

FANNY. Ils la refuseront peut-être !...

ANTOINE. Alors j'en appellerai aux tribunaux.

Fanny s'asseoit à droite et travaille.

LOUISE. Mais ne craignez-vous pas de vous nuire, en attaquant ainsi une famille riche?.... De grâce, ne vous compromettez pas.

ANTOINE, *un peu tendrement.* Quand je le ferais!... ne serait-ce pas pour vous, Louise ?

LOUISE, *vivement.* Oh! ne faites rien pour moi, je vous en prie ; ne pensez qu'à vous-même, qu'à votre avenir.

ANTOINE, *froidement.* Je pense à mon devoir.

LOUISE. Mais ne pourrions-nous vous éviter cette dangereuse mission? Puisque la maladie retient M^me Guibert, ne pourrais-je aller avec ma sœur chez M^me Séran?... ce qui est dû à ma marraine, je le solliciterais comme une grâce ; à défaut de justice, on aurait peut-être de la pitié !

ANTOINE. C'est ce que je ne veux pas! vous n'avez pas besoin de grâce ; vous n'en devez point demander ; et quant à réclamer un droit, vous, jeunes filles, on se rirait de vous !... Laissez-moi conduire cette affaire... (*il regarde autour de lui avec intention*) il faut qu'elle se termine... vite... je le sais, vous le désirez... et vous en avez besoin. (*Louise baisse les yeux.*) Ce matin même je me rendrai chez Séran.

LOUISE. Je ne sais quels mots employer pour vous dire ma reconnaissance... ah! nous ne méritons pas tout ce que vous faites pour nous...

ANTOINE, *froidement.* C'est bien, Louise.. ne parlons point de cela maintenant...

LOUISE. Vous vous oubliez sans cesse pour nous..... ah! vous êtes trop généreux....

ANTOINE, *froidement.* Je suis l'avocat de

votre marraine... rien autre chose... ce que je fais... je le dois..

LOUISE. Pourquoi vouloir vous dérober à notre gratitude? laissez-la-nous... c'est notre droit à nous, qui n'avons à donner que des remercîmens... et des larmes.

ANTOINE, *froidement.* Point de remercîmens... point de larmes... vous n'êtes plus des enfans..... il faut apprendre la vie... savoir souffrir avec courage... Attendez et espérez.

*Il sort.*

## SCENE IV.

LES PRÉCÉDENS, *excepté* ANTOINE.

FANNY. Attendez et espérez..... ce n'est point facile quand tout vous manque...

LOUISE. Que veux-tu qu'il nous dise autre chose?

FANNY. Je ne sais... mais quand je suis malheureuse, j'aime qu'on me plaigne; et M. Larry est toujours si froid !... il agit pour vous, mais il ne vous console pas...

LOUISE. Tu sais tous les services qu'il nous a déjà rendus !...

FANNY. Sans doute; mais pourquoi est-il si grave? j'ai presque peur de lui! toi-même tu m'as dit souvent que tu osais à peine lui parler.

LOUISE. Il est vrai; j'étais encore si jeune quand je l'ai connu !... il m'a enseigné le peu que je sais, et je me suis habituée à voir en lui un maître qui m'inspirait un respect craintif... Sombre et réservé comme il est, c'était la seule impression qu'il pût faire sur une enfant !.. Depuis, cette impression m'est toujours restée... mais je n'en admire pas moins ce qu'il y a de noble dans cette ame...

FANNY, *avec intention.* Ainsi... tu seras heureuse... de l'épouser?

LOUISE, *émue.* Pourquoi me fais-tu cette question?

FANNY. Et toi, pourquoi n'y réponds-tu pas? (*Embarras de Louise.*) Ecoute, Louise, je t'ai toujours prouvé que j'étais fidèle et dévouée... et pourtant... tu me caches quelque chose....

LOUISE, *troublée.* Que veux-tu dire?

FANNY. Hier soir, pendant que tu soignais notre chère malade, je voulus descendre... l'escalier était sombre... en sortant, je heurtai quelqu'un qui semblait chercher notre porte...j'entendis ton nom... et dans l'obscurité, je distinguai un jeune homme.

LOUISE. Comment?

FANNY. Louise Fortier, me demandat-il... Je lui dis que tu étais près de ta marraine mourante... il insista pour te voir... je répondis que tu ne pouvais quitter la malade... mais que j'étais ta sœur, et que je te rapporterais fidèlement ce qu'il avait à te dire.... Alors il hésita un instant. . puis, baissant la voix : « Avertissez-la seulement que je veux la voir, ajouta-t-il, et répétez-lui mon nom... Eugène Formon. »

LOUISE. Ah !...

FANNY. Il m'a fait ensuite quelques rapides questions... il paraissait troublé.... je l'étais moi-même... mais le peu qu'il m'a dit, suffisait pour me faire tout deviner....

LOUISE, *se jetant dans ses bras.* Oh! ma sœur! ma sœur!.. aie pitié de moi!...

FANNY. Chère Louise...

LOUISE. Oh! plains-moi... car je suis bien malheureuse!

FANNY. Pourquoi ne pas m'avoir confié tes peines?

LOUISE. Vingt fois j'ai voulu te dire tout, et la honte m'a toujours retenue!..

FANNY. Voilà donc la cause de ta tristesse depuis si long-temps?... depuis que tu aimes, sans doute?...

LOUISE. Depuis que je le sais du moins... D'abord j'ai cru que l'amour de ce jeune homme n'était qu'un caprice.... il venait dans le magasin où je travaillais, sous mille prétextes.... il cherchait à me rencontrer lorsque je sortais... il m'écrivit!.. je refusai ses lettres d'abord.... mais rien ne le rebuta!... enfin.... que te dirai-je?.. ce qu'il exprimait, je finis par le ressentir...

FANNY. Pauvre enfant !..

LOUISE. Je résistai cependant !.... mais, hélas !.... quand je suis devenue la fiancée d'Antoine, j'ignorais l'importance d'un tel lien... il était bon... je n'en aimais point d'autre... pourquoi l'aurais-je repoussé? ce ne fut que plus tard... en connaissant M. Formon, que je commençai à comprendre la témérité de mes engagemens... peut-être, cependant, aurais-je triomphé si Antoine eût été là..... sa présence m'eût rappelé sans cesse mes promesses... mais il était absent !.. tu le sais... et il ne m'avait laissé aucun souvenir pour me défendre !.. Ah! tout cela ne me justifie point sans doute... mais j'ai tant besoin de me paraître moins coupable, que je cherche des raisons pour m'excuser à mes propres yeux.

FANNY. Oh! je comprends toutes tes souffrances... mais, dis-moi, Louise... es-tu certaine que M. Formon soit sincère?

LOUISE. Oh! je le crois !... pourquoi en douterais-je? Ses lettres sont pleines de promesses, il veut unir son sort au mien.. mais sa famille est riche, et il craint de ne point obtenir son consentement..... Du reste, qu'importe qu'il l'obtienne? ne suis-je pas engagée avec Antoine?.. Ah! depuis son retour j'ai compris combien j'étais coupable envers lui; je ne veux pas l'être davantage! Je puis encore recevoir le nom d'épouse sans rougir... Eh bien!... je tiendrai mes promesses... j'en mourrai peut-être; mais que m'importe de mourir maintenant?

FANNY. Ma sœur... de grâce... ne parle pas ainsi.

LOUISE. Mais j'y pense à présent!... comment M. Formon a-t-il pu venir ici? Redoutant quelque imprudence, je lui avais caché ma demeure... je ne lui avais parlé ni de ma marraine ni d'Antoine... il ne connaissait de moi que mon nom... et cependant il m'a retrouvée... Que me veut-il?

FANNY. Je te l'ai dit... te voir.... en me quittant, il m'a répété plusieurs fois... Dites-lui que je veux lui parler... que si elle ne m'écrit pas... je reviendrai demain.

LOUISE Demain... Dieu!... mais c'est aujourd'hui.... lui écrire!.... je ne le puis maintenant..... il va venir... et si on le voit... si on le rencontre ici.... ma marraine peut l'entendre!.. Ah! Fanny! que faire? mon Dieu!

FANNY. Chère Louise, je ne sais... je tremble comme toi... attends... quelqu'un monte...

LOUISE. Ciel!... c'est lui!...

## SCENE V.

LES MÊMES, ARTHUR SÉRAN.

ARTHUR. Enfin, je vous retrouve, Louise.

LOUISE, *lui faisant signe.* Plus bas!... plus bas!.. monsieur; que venez-vous faire ici?

ARTHUR. Ne le savez-vous pas?...

LOUISE. Je ne puis vous recevoir..... je ne dois point vous écouter... ma marraine peut vous entendre...

ARTHUR. Votre marraine?

LOUISE. Ma mère plutôt, monsieur; car elle m'en a tenu lieu... elle est là... mourante... Au nom du ciel, retirez-vous?
<br>*Fanny va près de l'alcôve.*

ARTHUR. Louise.... un seul mot, de grâce.... J'ai su hier de votre sœur ce qui m'a empêché de vous revoir... votre marraine avait besoin de vos soins... mais pourquoi ne pas me l'écrire... pourquoi me livrer à l'inquiétude? Avez-vous donc oublié combien je vous aime?.. vous me laissez huit jours sans nouvelles... sans aucune marque de souvenir... Cependant, Louise, j'espérais que vous aviez pris pitié de mon amour.... vous me l'aviez laissé entendre du moins..... ne voulez-vous plus me regarder, me parler comme autrefois?

LOUISE. Je ne le puis plus.

ARTHUR. Que dites-vous? Votre cœur s'est-il donc fermé pour moi?.. Qu'ai-je fait pour mériter ce changement?

LOUISE. Oh! rien... rien... ne m'interrogez pas... mais laissez-moi.

ARTHUR. Je ne vous laisserai pas... quoi qu'il puisse arriver. Je resterai jusqu'à ce que j'aie su pourquoi vous me repoussez.

UNE VOIX, *de l'alcôve.* Louise!...
<br>*Fanny entre dans l'alcôve.*

LOUISE. Ah!.. ma marraine!.. Sortez, ou je suis perdue!..

ARTHUR. Promettez-moi, du moins, de m'écrire.

LOUISE. Je vous le promets; mais partez..

ARTHUR. Dites-moi, dites-moi que vous m'aimez toujours.

LOUISE. Je vous aime... sortez...

ARTHUR. Adieu... ange... adieu.
<br>*Il baise la main de Louise.*

UNE VOIX *de l'alcôve.* Louise!

LOUISE, *s'élançant vers l'alcôve.* Ah!

# ACTE II.

Le théâtre représente un salon somptueusement meublé.

## SCENE PREMIERE.

Mme SÉRAN, ARTHUR SÉRAN, UNE FEMME DE CHAMBR

Mme SÉRAN, *assise.* Marie, sachez, je vous prie, si ma fille est habillée, et dites-lui que je l'attends.

LA FEMME DE CHAMBRE. Mme de Sartine est sortie, madame.

Mme SÉRAN. Si matin?

LA FEMME DE CHAMBRE. Elle voulait, je crois, faire des emplettes pour le bal de demain, et être de retour de bonne heure; elle attend des ouvrières.

Mme SÉRAN. Il suffit. (*La femme de chambre sort.*) Revenons à ce que je disais, Arthur; je vous le répète, il faut en finir...

Votre mariage avec M^lle de Morselle est arrangé depuis long-temps...... c'est une union qui peut vous conduire à tout, et qui vous fait millionnaire... Le mariage de votre sœur avec M. de Sartine nous allie déjà aux familles les plus influentes; le vôtre achèvera de nous mettre en crédit, et de nous faire une position éminente ; je ne souffrirai pas que vous attendiez davantage...

ARTHUR. Mais, ma mère, cette union est sûre, pourquoi tant se presser?

M^me SÉRAN. Et qui vous dit qu'Ernestine, lasse d'attendre, ne fera pas un autre choix? quoique l'on sache les projets de sa famille, elle ne manque pas de poursuivans qui cherchent à s'emparer de son affection... et il faut avouer que vous leur faites beau jeu. Depuis sa sortie de pension, on ne vous voit qu'en passant chez son père... Ernestine vous connaît à peine.

ARTHUR. Mon Dieu! ma mère, nous aurons le temps de nous connaître après notre mariage... nous aurons pour cela la vie entière.

M^me SÉRAN. Je vous parle sérieusement, Arthur... je me doute des causes qui vous font négliger la famille de Morselle... encore quelques poursuites extravagantes sans doute... Prenez garde, Arthur... vous abusez de votre fortune et de votre position... Non seulement vos folies font des victimes, mais elles pourront finir par tourner contre vous-même ; il y a danger, pour un homme bien né, à descendre jusqu'à certaines liaisons....

ARTHUR. Ma mère, je vous jure...

M^me SÉRAN. C'est bien ; je ne vous demande pas votre confidence... songez seulement à ce que je vous ai dit ; ce soir, vous me conduirez chez monsieur de Morselle.

ARTHUR. J'aurai cet honneur.

M^me Séran sort.

## SCENE II.

ARTHUR, *seul.* Ma mère a raison ; il ne faut pas qu'un caprice me fasse manquer cet important mariage ; mais depuis quelques mois, je ne me reconnais plus... cette résistance de Louise a changé une préférence passagère en une véritable passion..... j'ai commencé par lui débiter ces lieux communs d'amour qui m'avaient réussi près de tant d'autres, et je ne sais comment cela s'est fait, à force de vouloir la persuader, je me suis persuadé moi-même ; du reste, à tout prix, il faut que je réussisse ; d'abord, mon amour-propre

y était intéressé ; mais maintenant, je crois en vérité que c'est mon bonheur... mais j'oublie qu'elle a promis de m'écrire.

Il sonne.

## SCENE III.
### ÉTIENNE, ARTHUR.

ARTHUR. Étienne, approchez. (*Plus bas.*) Vous passerez à mon logement du Marais; vous verrez si l'on n'a point apporté de lettres à l'adresse d'Eugène Formon... vous savez ?

ÉTIENNE. Oui, monsieur.

ARTHUR. Personne n'est venu me demander à l'hôtel ?

ÉTIENNE. Personne ; ah! pardon.. il y a là, depuis long-temps, quelqu'un qui voudrait parler à monsieur; mais en le voyant, j'ai pensé que ce n'était point la peine de déranger monsieur.

ARTHUR. Son nom.

ÉTIENNE. Il s'appelle Larry, je crois.

ARTHUR. Ah! Larry!... Fais entrer.

## SCENE IV.
### ARTHUR, ANTOINE.

ARTHUR. Eh! c'est toi? mon cher... mille pardons... on ne m'avait pas averti, et tu as attendu...

ANTOINE. Une heure seulement.

ARTHUR. Je suis désolé... mais aussi, c'est de ta faute... tu me visites si rarement que les valets ne te connaissent point. Eh bien! comment vont les affaires? es-tu content?... Tu es toujours aussi sérieux, aussi sombre?...

ANTOINE. Comme la vie.

ARTHUR. Tu ne réussis donc pas, mon cher? mais c'est inouï.. tout le monde réussit... avec ton talent, tu devrais déjà avoir fait fortune. Je ne sais comment cela se fait, mais moi, je ne trouve d'obstacles nulle part.. Tu as appris sans doute que j'avais été nommé auditeur au conseil d'état?... oui, c'est peu de chose... mais c'est une expectative... Du reste, je suis accablé d'occupations!.. et de plus d'un genre....Tu sais, dès le collège, on m'appelait don Juan... mes goûts n'ont pas changé... Ah! mais pardon, j'oublie que tu es le défenseur des femmes, et que tu crois religieusement à leur vertu.

ANTOINE. Il est tout simple que je veuille croire à la vertu de ma mère... mais laissons cela, je suis venu pour te parler d'affaires.

ARTHUR. Ah! fort bien! voyons, asseyons-nous.

ANTOINE. Je te remercie... écoute-moi seulement. Je connais une pauvre femme dont la vie n'a été qu'une longue suite de désastres ; elle avait des enfans, la mort les lui a enlevés; quelque aisance, une faillite la lui a fait perdre... aujourd'hui, elle est malade, mourante, et dans le plus affreux dénûment.

ARTHUR, *portant la main à sa poche.* Eh bien ! mon cher, je ne demande pas mieux que de la se- courir.

ANTOINE. Attends... Dans cette situation, on découvre tout-à-coup que, frustrée dans la vente d'un bien, elle a des droits incontestables à des dédommagemens; mais pour les lui obtenir, il faut troubler les possesseurs actuels... ce sont des adversaires puissans... un procès contre eux peut avoir un éclat redoutable, et compromettre le défenseur lui-même. Dans un tel état de choses, j'étais nécessaire à la malheureuse veuve.... j'ai accepté sa cause.

ARTHUR. Eh parbleu ! tu as bien fait... mais je ne comprends pas quel intérêt peut avoir pour moi...

ANTOINE. Un immense intérêt, car cette famille, qu'il faudra attaquer si elle refuse une transaction... c'est la tienne, Séran.

ARTHUR. Que me dis-tu là ?

ANTOINE Lis ce papier, toute la cause y est exposée en quelques lignes. (*Il lui donne un papier.*) J'ai tout pouvoir pour régler avec toi cette contestation, et éviter une publicité fâcheuse.

ARTHUR, *à part, après avoir lu.* Dieu ! serait-il possible... un pareil acte... (*Il regarde un second papier.*) Mais oui, le voilà... c'est notre honte... (*Voyant qu'Antoine le regarde.*) Mais que fais-je?.. il m'observe...

ANTOINE , *s'approchant.* Eh bien ?

ARTHUR. Eh bien! c'est une affaire à examiner.

ANTOINE. Elle est si claire, qu'il suffit de quelques minutes pour la saisir en entier. Cette pièce contient tout.

ARTHUR. Ah! je ne me pique pas d'avoir une intelligence si prompte.

ANTOINE. Dans cette occasion, le doute est impossible... tu as trop d'habitude des affaires pour ne point le voir... réponds-moi donc franchement, et terminons ces malheureux débats.

ARTHUR. Les affaires ne se traitent point ainsi. On n'a pas sans doute la prétention d'exiger que je me dépouille sans consulter mes titres. Je ne veux pas me laisser surprendre.

ANTOINE, *blessé.* Te surprendre ! penses-tu que je le veuille, moi ?

ARTHUR. Avant tout, il faut que je vérifie l'authenticité de ces pièces.

ANTOINE. C'est juste... et une fois cette vérification faite ?

ARTHUR, *rendant les papiers.* Eh bien! alors... nous plaiderons.

ANTOINE *fait un mouvement qu'il réprime.* Tu préfères un procès à un arrangement ?

ARTHUR. A tout prendre, oui ; je courrai les chances d'un jugement qui peut m'être favorable. D'ailleurs, un procès coûte cher et dure long-temps ; nous verrons qui se lassera plus tôt de nous ou de Mme Guibert.

ANTOINE. Grand Dieu! ainsi c'est sur la pauvreté de votre adversaire et non sur la justice de votre cause que vous comptez... Peu vous importe l'iniquité, pourvu que l'impunité soit certaine. Ah ! je suis venu ici avec la rougeur au front, craignant de trouver un fils humilié ; mais, puisque je n'y trouve qu'un avocat, je vous déclare, moi, que j'en appellerai à la loi, et que je défendrai la sainte cause du pauvre et de l'opprimé... J'attendrai jusqu'au dernier instant... jusqu'au dernier instant, j'espérerai en votre bonne foi, en votre raison... mais si dans trois jours vous n'avez pas voulu nous rendre justice , sur mon honneur. je jure que dans six mois la terre des Rosiers ne vous appartiendra plus.

## SCENE V.

LES PRÉCÉDENS, Mme SÉRAN, *qui est entrée à la fin de la tirade d'Antoine.*

Mme SÉRAN. Qu'y a-t-il donc ?

ANTOINE. Madame Séran !

Mme SÉRAN, *vivement.* De quoi était-il donc question ?... J'ai entendu parler de la terre des Rosiers.

ARTHUR. Il est tout simplement question de nous la reprendre.

Mme SÉRAN. Nous reprendre la terre des Rosiers!.... et comment cela, s'il vous plaît? ne l'avons-nous pas achetée?

ANTOINE, *les yeux baissés.* Celui qui vous a vendu ce bien n'en avait pas le droit..... madame...

Mme SÉRAN, *fixant les yeux sur Antoine.* Et c'est vous, monsieur Larry, qui vous êtes chargé de cette réclamation ?

ANTOINE. Je l'ai fait à regret ; mais il le fallait... Mme Guibert était trop pauvre pour avoir un autre avocat.

Mme SÉRAN. Et dans sa misère, sans doute, elle a regardé un procès comme une ressource.

ANTOINE. Elle ni moi ne désirons de procès, madame ; je ne suis point arrivé avec des menaces, mais avec des prières. J'espérais vous faire accepter un arrangement qui eût évité toute discussion.

M<sup>me</sup> SÉRAN. Et quel était cet arrangement ?

ANTOINE, *se rapprochant avec joie.* Ah !... une rente viagère faite à M<sup>me</sup> Guibert et reversible, par moitié, sur la tête de deux jeunes filles auxquelles elle a servi de mère.

M<sup>me</sup> SÉRAN, *avec méchanceté.* Ah ! il y a deux jeunes filles !...

ANTOINE, *avec étonnement et une naïve dignité.* Cette observation a sans doute un sens... mais je ne le comprends pas.

M<sup>me</sup> SÉRAN. Pardon... j'ai tort... j'aurais dû m'interdire toute réflexion sur *nos adversaires !..* ce n'est pas à vous de me faire connaître le *camp ennemi.*

ANTOINE, *amèrement.* Le camp ennemi, madame, est composé de trois femmes. Deux d'entre elles étaient hier des enfans, et l'autre va mourir demain !.. vous pouvez me demander sans indiscrétion tout ce qui les concerne ; il faudra peu de mots pour vous dire leur situation : toutes trois ont faim, et demandent pour vivre la moitié de ce qui leur est dû.

ARTHUR. Si toutefois il leur est dû quelque chose...

ANTOINE, *impétueusement.* Vous en êtes sûr ! Niez-le devant la justice, mais non devant moi... vous avez vu ces pièces et vous savez qu'elles contiennent la vérité. J'ai là, vous le savez, de quoi annuler la vente..... tout ce que je demande, c'est qu'on ne me force à flétrir personne.

M<sup>me</sup> SÉRAN, *vivement, à Arthur.* Que veut-il dire ?..

ARTHUR. Je ne sais : on accuse de fraude mon père et le vôtre.

M<sup>me</sup> SÉRAN, *à Antoine...* Quelle horreur ! et c'est vous qui avez inventé cette odieuse calomnie, monsieur !

ANTOINE. Je n'ai rien inventé, madame ; et j'ai la preuve de ce que j'avance .. cette pièce, qui m'a été remise par M. Pillet.

M<sup>me</sup> SÉRAN. M. Pillet... Ah ! c'est lui qui se mêle de tout ceci ! Je comprends alors... il aura sans doute acheté ce procès !.... mais monsieur est donc son associé ?

ANTOINE. Madame !...

M<sup>me</sup> SÉRAN. Et qu'espérez-vous de vos calomnies, monsieur ? Quelle part M. Pillet vous fait-il dans ses brigandages judiciaires ?

ANTOINE, *s'élançant vers Arthur.* Arthur !..

M<sup>me</sup> SÉRAN, *se précipitant au-devant de lui.* C'est moi qui vous parle, monsieur !... ne demandez pas compte à mon fils de mes paroles.

ARTHUR. Laissez, ma mère ; j'en accepte la responsabilité.

ANTOINE *éprouve un combat intérieur ; il s'appuie des deux mains sur un fauteuil ; enfin il dit d'une voix entrecoupée :* J'ai écouté ici des injures telles qu'aucun homme n'en eût enduré : cependant je me suis tu ; je n'ai pas voulu que ma colère compromît une cause juste ; je vous prends à témoin que je n'ai pas prononcé un seul mot qui ait pu justifier votre refus... je me suis oublié moi-même ; je vous ai laissé me fouler aux pieds sans me plaindre... maintenant je me relève !.. que votre iniquité soit sur vous !... vous n'avez pas voulu m'entendre quand j'offrais la paix... c'est la guerre alors... je l'accepte.

⬤⬤⬤⬤⬤⬤⬤⬤⬤⬤⬤⬤⬤⬤⬤⬤⬤⬤⬤⬤⬤⬤⬤⬤⬤⬤⬤⬤⬤⬤⬤⬤⬤⬤

## SCÈNE VI.

### LES PRÉCÉDENS, *moins* ANTOINE.

ARTHUR. Vous avez été trop vive, ma mère ; si Larry le veut, il a en main de quoi nous déshonorer.

M<sup>me</sup> SÉRAN. Que dites-vous ?

ARTHUR. Il faut assoupir cette affaire à tout prix. Comme vous, j'ai été blessé au premier instant et je me suis laissé emporter ; mais plus de sang-froid, j'ai senti tout ce que nous avions à craindre.

M<sup>me</sup> SÉRAN. Est-il possible ?

ARTHUR. Malgré notre position, il est douteux que nous puissions repousser les accusations qui seraient intentées.

M<sup>me</sup> SÉRAN. Mon Dieu ! ces accusations sont donc réellement sérieuses ?

ARTHUR. Plus sérieuses que je ne le voudrais.

M<sup>me</sup> SÉRAN. Que faire alors ?

ARTHUR. Il n'y a qu'un moyen ; je vais voir cette dame Guibert, et j'essaierai directement avec elle de conclure une transaction... Il m'en coûterait trop de revenir à Larry.

M<sup>me</sup> SÉRAN. Eh bien ! faites pour le mieux, Arthur, et terminez au plus tôt cette affaire ; vous m'avez effrayée.

ARTHUR. Je vais rédiger de suite un projet d'arrangement que je porterai aux parties intéressées.

M<sup>me</sup> SÉRAN. Soit ; surtout venez me rendre compte du résultat de vos démarches.

ARTHUR. Je n'y manquerai pas.

M<sup>me</sup> Séran *sort par la droite. Arthur par la gauche.*

## SCENE VII.
ÉTIENNE, LOUISE, *entrant par le fond.*

ÉTIENNE. Entrez , mademoiselle..... On va avertir madame de Sartine.

*Il sort.*

LOUISE , *seule.* Pourvu que l'on ne me fasse pas attendre trop long-temps!... J'ai été obligée de laisser ma marraine seule avec Fanny, et son mal semble s'aggraver à chaque instant ; mais ce travail était pressé... j'espère qu'il me sera payé... et nous avons besoin de ces faibles ressources, il ne nous en reste plus d'autre... Comment vais-je trouver ma marraine au retour?.. Oh! que je suis inquiète ! (*Elle dépose le peti carton qu'elle tient à la main sur un meuble où s'en trouvent quelques autres.*) Ah ! voici que l'on revient !

ÉTIENNE , *rentrant.* Mademoiselle, madame de Sartine est sortie.

LOUISE. Ah ! mon Dieu!.. il faudra que je revienne, et c'est si loin!... (*A part.*) Et je comptais sur le prix de ces broderies.

ÉTIENNE. Vous pourriez parler à la mère de madame de Sartine, madame Séran.

LOUISE. Madame Séran!.. Elle demeure ici ?

ÉTIENNE. Cet hôtel est le sien.

LOUISE , *troublée.* Je reviendrai alors!

Elle va chercher son carton sur la table.

## SCENE VIII.
LES PRÉCÉDENS , ARTHUR *entrant par la gauche, dans le fond.*

ARTHUR. Voilà ma transaction !... mais maintenant où trouver cette femme? (*Il aperçoit Étienne et lui fait signe d'approcher.*) Eh !... vous allez vous rendre chez la veuve Larry, et vous informer de la demeure de Mᵐᵉ Guibert.

LOUISE, *à part.* Ma marraine !..

ARTHUR. Vous reviendrez de suite ; c'est pour une affaire pressée.

LOUISE. Dieu! quelle voix !.. (*Reconnaissant Arthur.* ) Ah !..

ARTHUR. Ciel ! Louise !...

LOUISE. Vous ici!.. ces ordres que vous donnez !.. mais vous êtes chez vous ?...

ARTHUR, *embarrassé.* Louise !

LOUISE. Et vous avez affaire à ma marraine... Je suis ici chez Mᵐᵉ Séran !.. oh... mais vous n'êtes pas Eugène Formon, alors! ( *Arthur baisse les yeux avec confusion.* ) Ainsi, vous m'avez trompée?

ARTHUR. Écoutez-moi !...

LOUISE. Et dans quel but?.. Oh! je le devine !... et moi, qui croyais à votre sincérité , à vos promesses... Ah !..

ARTHUR. De grâce, écoutez-moi !..

LOUISE. Et que pourrez-vous me dire que je ne sache ?.. Ah! laissez- moi!..

Fausse sortie.

ARTHUR. Louise... arrêtez.

LOUISE. Je ne veux pas vous entendre.

ARTHUR. Vous m'entendrez, je le veux... je vous supplie !.. oui... j'ai voulu vous tromper ; mais alors je ne vous connaissais pas ; j'avais cru que vous ressembliez à tant d'autres jeunes fille coquettes et légères qui désirent et cherchent le péril !.. c'est seulement lorsque j'ai pu vous parler, vous entendre... que j'ai vu quelle était mon erreur !..

LOUISE. Et pourquoi ne pas me détromper, alors?

ARTHUR. Ah ! je l'aurais dû sans doute; mais ne comprenez-vous pas que la honte m'ait retenu ? en vous avouant ma tromperie, je m'exposais à votre indignation...

LOUISE. Et moi, je vous ai cru pourtant! Si j'avais su qui vous étiez... je me serais défiée... j'aurais pris garde à mon propre cœur.

ARTHUR. Et voilà ce que je craignais !.. en vous déclarant la vérité, j'étais sûr que vous douteriez de la loyauté de mes promesses.... et j'avais besoin de votre amour... je le voulais à tout prix!... Louise , croyez-moi...

LOUISE. Non , non..... je ne vous crois plus maintenant.

ARTHUR. Serez-vous donc sans pitié ? Un changement de nom a-t-il tant d'importance à vos yeux ? Je vous aime... qu'importe le reste ?..Tout ce que vous a promis Eugène Formon , Arthur Séran vous le promet encore. Louise... je vous en supplie...

LOUISE. Laissez-moi ! je veux retourner près de ma marraine !..

ARTHUR. Je vous y suivrai... j'ai maintenant un prétexte pour me présenter chez vous... je traînerai, s'il le faut, cette affaire en longueur... De grâce, ne me poussez pas au désespoir!.. Louise, pardonnez-moi...

Il lui prend les mains.

LOUISE. On vient...

## SCENE I.
LES PRÉCÉDENS , ANTOINE.

LOUISE. Dieu !... Antoine !

ARTHUR. Monsieur Larry !...

ANTOINE. Je viens de chez vous.. Louise j'ai su que vous étiez ici... qu'y faisiez-vous ?

ARTHUR, *vivement.* Mademoiselle termi nait une affaire sur laquelle nous n'avionsᵗ pu nous entendre, monsieur ! j'ai cédé à ses sollicitations ; j'accorde à madame Guibert le dédommagement qu'elle réclamait... voici la transaction signée de moi... veuillez la lui faire signer à elle-même...

ANTOINE. Il est trop tard, monsieur...

LOUISE. Trop tard !...

ANTOINE. Dieu n'a point voulu que M<sup>me</sup> Guibert attendît la justice tardive de ceux qui l'avaient dépouillée... elle vient de mourir !

LOUISE, *jetant un cri.* Ah !

*Elle s'évanouit, on lui donne des soins.*

ARTHUR. Dieu ! elle s'évanouit... ( *Il sonne.* ) Quelqu'un ! (*Un domestique entre, court à la table à gauche, et donne un flacon à Arthur; il s'en sert pour ranimer Louise. A Antoine.* ) Ah ! monsieur, deviez-vous lui annoncer si brusquement cette nouvelle?..

ANTOINE. J'ai eu tort...

ARTHUR. Ah ! elle revient à elle.

ANTOINE, *au domestique.* Faites approcher une voiture... que je la ramène sur-le-champ...

ARTHUR. Y pensez-vous ?.. Elle ne peut sortir dans cet état... je ne le souffrirai pas !...

ANTOINE. Et moi, monsieur, je le veux !...

ARTHUR. Et de quel droit ?

ANTOINE. De quel droit ?... Elle est ma fiancée !..

*A ce mot Louise tressaille et se lève; Arthur paraît frappé. Il baisse les yeux sous le regard calme et fier d'Antoine, qui emmène Louise.*

FIN DU DEUXIÈME ACTE.

---

# ACTE III.

Arrière boutique du premier tableau du premier acte.

## SCENE PREMIERE.

ANTOINE *seul, écoutant à la porte de Louise.*

Je n'entends plus ses sanglots... elle repose peut-être .. heureux encore dans ma misère d'avoir pu lui offrir un toit et lui dérober la vue de ce cadavre qui l'attendait chez elle... Ah! les pauvres n'ont pas même le pouvoir d'échapper à l'aspect de leur malheur... il faut qu'ils le voient face à face ; qu'ils regardent coudre dans leur suaire ceux qu'ils ont aimés et qu'ils pleurent... il n'y a qu'une chambre pour la douleur et pour la mort... ici, du moins, Louise sera tranquille... l'absence de ma mère m'a heureusement laissé le maître pour quelques heures... j'ai pu, sans le lui demander, donner un asile à cette enfant.

## SCENE II.

ANTOINE, M<sup>me</sup> LARRY, *entrant vivement.*

M<sup>me</sup> LARRY, *regardant autour d'elle.* Il est seul... que me disaient-ils donc... qu'il avait établi chez moi Louise et sa sœur... J'aurais bien voulu voir cela....

ANTOINE. Bonjour, ma mère.

M<sup>me</sup> LARRY. Bonjour...

*Il y a un moment de silence. M<sup>me</sup> Larry regarde partout, et s'approche de la chambre où est Louise.*

ANTOINE, *à part.* Je ne sais comment lui dire que j'ai conduit ici Louise.

M<sup>me</sup> LARRY. Eh bien !.. la vieille Guibert est donc morte?..

ANTOINE. Au nom du ciel! plus bas, ma mère.

M<sup>me</sup> LARRY. Pourquoi, plus bas ?

ANTOINE. Louise repose... elle pourrait vous entendre...

M<sup>me</sup> LARRY. Louise!.. elle est donc chez moi ?..

ANTOINE. Après la mort de sa marraine... nous l'avons transportée dans ce cabinet.

M<sup>me</sup> LARRY. Eh bien! je voudrais bien savoir qui lui a permis de s'emparer ainsi de ma maison?

ANTOINE. Moi, ma mère.

M<sup>me</sup> LARRY. Et qui vous l'a permis à vous-même?

ANTOINE. Je n'avais même pas supposé que vous pussiez me faire cette question... Où cette jeune fille aurait-elle trouvé un asile ?

M<sup>me</sup> LARRY. Que m'importe à moi?

ANTOINE. Auriez-vous donc voulu qu'elle entendît clouer le cercueil de celle qui lui avait tenu lieu de mère?... ne soyez pas sans pitié...

M<sup>me</sup> LARRY. Je suis sans pitié pour les gens que je n'aime pas! croyez-vous que je sois dupe de toutes ces comédies?.... Louise veut s'établir ici sous prétexte de la mort de sa marraine... mais je ne le souffrirai pas.. les voisines ne viennent-elles pas de me dire déjà, à mon arrivée, que je consentais à votre mariage, puisque je prenais votre fiancée dans ma maison!

ANTOINE. Qu'importent ces bruits, ma

mère... ils justifient la présence de Louise, et ne devraient pas vous irriter.

M<sup>me</sup> LARRY. Ainsi vous avouez que votre intention est de l'épouser ?

ANTOINE. Je ne vous l'ai jamais caché.

M<sup>me</sup> LARRY. Et vous osez amener ici cette fille ?

ANTOINE. Cette fille... puisqu'il vous plaît de l'appeler ainsi, sera ma femme, et elle est chez sa mère.

M<sup>me</sup> LARRY. Jamais, jamais, tant que je vivrai... Ah ! l'on veut me chasser de chez moi... voilà bien les enfans... élevez un fils au prix de vos sueurs, consacrez-lui toute votre vie, et il vous sacrifiera à la première coquette qui se trouvera sur son chemin.

ANTOINE. Mais, ma mère, vous me rendrez fou !.. qui parle de vous sacrifier ?... ne pouvez-vous donc vivre heureuse près de votre fils et d'une fille d'adoption ?

M<sup>me</sup> LARRY. Non, non, je veux vivre libre et maîtresse chez moi... Je ne suis pas encore tombée en enfance... je ne veux pas me mettre sous la tutelle d'une intrigante... Vous choisirez entre cette fille et moi.

ANTOINE, *exaspéré*. C'est vous qui m'aurez forcé à ce choix, ma mère... n'en accusez que vous.

M<sup>me</sup> LARRY. Ainsi vous vous marierez ?

ANTOINE. Je me marierai.

M<sup>me</sup> LARRY. Alors emmenez votre femme, emmenez-la sur-le-champ, je ne veux pas coucher sous le même toit qu'elle !

ANTOINE, *reculant*. Ma mère.... sûrement vous n'y pensez pas.... vous chassez Louise ?

M<sup>me</sup> LARRY. Qu'elle retourne d'où elle vient.

ANTOINE. Mais cela est impossible !

M<sup>me</sup> LARRY. Cela sera pourtant... et je vais le lui déclarer à elle-même

Elle veut aller vers la chambre où est Louise.

ANTOINE, *se précipitant au-devant*. Vous n'irez pas... ma mère...cela serait infâme.. vous n'irez pas.

## SCENE III.

LES MÊMES, LOUISE, *échevelée, paraissant à la porte.*

LOUISE. Vous avez raison, madame... je ne dois point rester ici malgré vous... je me retire.

ANTOINE. Restez, Louise, restez.

LOUISE. Emmenez-moi, oh ! je vous en supplie, emmenez-moi !

ANTOINE. Ma mère, n'avez-vous donc aucune pitié dans le cœur ?... n'aurez-vous pas un mot de bonté pour la rassurer... ma mère !...

M<sup>me</sup> LARRY. Il faut qu'elle ou moi sortions d'ici.

ANTOINE. Je vous en prie... ma mère, je vous en conjure !

M<sup>me</sup> LARRY. Dites que vous ne l'épouserez pas..... à cette condition je consens à ce qu'elle reste.

ANTOINE. Ma mère.... même dans cette extrémité.... je ne veux ni ne puis mentir.

M<sup>me</sup> LARRY. Alors qu'elle sorte !.. oh ! mais qu'elle sorte !..

LOUISE. Je veux m'en aller, je veux m'en aller !

ANTOINE. Ma mère !... ma mère !.. ne me poussez pas à bout, ne renvoyez pas cette jeune fille... ne la rejetez pas près de ce cadavre qui l'attend chez elle !... Dites-lui de rester !.. ma mère... Vous ne voulez pas ? vous la chassez !.. eh bien ! moi, je veux qu'elle demeure, et elle demeurera ! vous n'avez pas écouté mes prières !.. je ne prierai plus ! je veux qu'elle reste, et j'en ai le droit, entendez-vous ! Dieu vous pardonne de m'avoir amené à cette extrémité : vous n'êtes pas chez vous, ma mère !...

M<sup>me</sup> LARRY. Je ne suis point chez moi ?..

ANTOINE. Non !.... la moitié de tout ce qui est ici appartenait à mon père, et, par conséquent, m'appartient maintenant; prenez votre part et laissez-moi la mienne... Je demande mes comptes ce soir... à l'heure même !.. je veux ma part d'héritage pour abriter une nuit cette enfant en pleurs que vous repoussez cruellement... Voyons ... il y a deux chambres ici, l'une est à moi ; deux foyers, l'un est à moi, et je donne le tout à cette jeune fille. (*Prenant Louise par la main.*) Venez, Louise... et ne baissez pas les yeux... ne pleurez pas... cette chambre est à vous.. à elle, entendez-vous, ma mère... et vous n'en approcherez pas... je vous le défends...

Il fait rentrer Louise.

M<sup>me</sup> LARRY. Ingrat !.. est-ce là ce que je devais attendre après tant de sacrifices !... Je m'en vais... mais rappelle-toi que tu m'as chassée !... tu es un mauvais fils !..

ANTOINE. Arrêtez, ma mère...vous avez raison... ce que j'ai fait... je devais le faire, mais avec plus de calme !.... je n'avais point le droit de m'emporter devant vous ; je devais renfermer toute ma douleur, étouffer tous les cris de mon ame révoltée... vous avez raison... Eh bien ! l'homme a fait son devoir... maintenant le fils doit faire le sien. (*Il s'approche et se met à genoux.*) Je vous demande pardon, ma mère.

M<sup>me</sup> **LARRY.** Et moi, je ne pardonne pas !.. ne l'oubliez pas… demain, vous et Louise, vous chercherez un autre asile.

## SCENE IV.
### ANTOINE *seul.*

Un autre asile !… et où le chercher ?.. Ah ! pour moi je saurais en trouver un… impénétrable, tranquille… mais Louise… mais sa sœur….. Cette transaction avec les Séran, dernière ressource qui eût pu les sauver, est venue trop tard… M<sup>me</sup> Guibert morte, ses droits sont anéantis…. Louise n'est que sa fillenle. . elle ne peut rien réclamer des Séran… il ne lui reste que moi au monde !… et moi je ne possède rien… je ne puis même payer ce que je dois déjà… Où trouver des ressources ?.. que faire ? mes bras n'ont ni la force ni l'adresse qui assurent à l'ouvrier son pain de chaque jour. L'éducation n'a-t-elle pas fait de moi un de ces savans inutiles qui ne peuvent manier qu'une plume pour vivre, ou une arme pour mourir… et ma plume ne peut me faire vivre…. et je n'ai pas le droit de mourir !.. Où donc trouver les moyens de sortir de cet abîme ?.. Oh ! ma tête se perd !… et voilà ce qu'on appelle la vie… Faites le bien… voilà où vous arriverez !.. Ah ! insensé, pourquoi ai-je compté sur la vertu ? pourquoi n'ai-je pas choisi plutôt la route du vice ?.. celle-là est sûre et facile ; tout le monde y passe… oh ! mes rêves !.. mes nobles rêves de jeune homme… Ah ! je sens en moi la haine du bien !…. maintenant j'ai honte de ma probité !

*Il s'assied désespéré.*

## SCENE V.
### ANTOINE, PILLET.

**PILLET.** Eh bien ! mon cher Larry, que viens je d'apprendre ?… M<sup>me</sup> Guibert est morte ?

**ANTOINE.** Oui, monsieur…

**PILLET.** Diable !.. c'est triste… Et ces pauvres jeunes filles, que vont-elles devenir ?… Ah ! heureusement que vous leur restez.

**ANTOINE,** *amèrement.* En effet, ce sera pour elles une protection rassurante que celle d'un homme qui n'a point réussi à se faire sa place pour lui-même dans le monde

**PILLET,** *à part.* Fort bien ! il est découragé. (*Haut.*) Vous réussirez, mon cher…. vous réussirez avec le temps…. mais il faut de la patience.

**ANTOINE,** *exaspéré.* Oui ! de la patience… conseil ordinaire à ceux qui souffrent !… à chaque bonheur de moins on leur recommande une vertu de plus !… mais la patience, monsieur, c'est la santé de l'ame, et le malheureux ne l'a pas.

**PILLET.** Vous avez raison, mon cher ami, mais on ne peut hâter les événemens…Vous avez des délicatesses…. fort honorables sans doute, mais qui forment un bagage très-embarrassant….. Quand on ne veut pas aller avec la foule….. il faut attendre que tout le monde soit passé.

**ANTOINE.** Ah ! je commence à le comprendre. Oui , c'est folie d'éviter la fange où tous se salissent, et de vouloir se frayer un chemin sur les hauteurs de la vie… Ah ! pourquoi ne peut-on recommencer ses jours ? je saurais maintenant que le succès va , non à celui qui le mérite, mais à celui qui le mendie , et que pour tirer parti de l'existence, il faut être un de ces hommes de liége qui flottent, avec l'écume, à la surface de tous les événemens.

**PILLET.** Eh ! mon Dieu ! c'est ce que j'ai eu l'honneur de vous dire bien des fois. Au milieu de la multitude qui encombre toutes les avenues, il n'y a qu'un moyen d'arriver : rentrer ses coudes, se glisser dans les fentes, ramper, et ne se relever que lorsqu'on est au but….. c'est comme cela que se font les grands hommes. Mais vouloir marcher devant soi, le front haut et rangeant la mauvaise fortune avec le poing, je ne sache pas que cela ait jamais réussi.

**ANTOINE.** Je l'ai appris cruellement. Je croyais qu'avec le sentiment du bien dans le cœur on était assez fort pour porter le monde… folie !.. il ne faut point vouloir être fort… il ne faut point vouloir être bon. La supériorité de l'ame est une infirmité sociale. Ne penser qu'à soi, n'aimer que soi, c'est la vie !.. insensé qui se dévoue !.. on profitera de son sacrifice sans le comprendre… Ouvrez votre veine pour désaltérer l'homme vulgaire ; après avoir bu, il s'essuiera la bouche et vous demandera combien il vous doit !

**PILLET.** Eh ! c'est très-bien, mon cher Larry, vous voilà dans le vrai.

**ANTOINE.** Oh ! oui, monsieur : j'avais pris trop au sérieux cette cruelle plaisanterie de Dieu qu'on appelle la vie ; mais je suis las d'y jouer le rôle de dupe !.. ah ! vienne une occasion !..

**PILLET.** Et vous la laisseriez échapper…

ANTOINE. Offrez-la moi, monsieur, et vous en jugerez.

PILLET. En vérité !.. eh bien ! jeune homme... vous m'intéressez !.. vous voilà tout-à-fait raisonnable.... et maintenant nous pouvons nous entendre.... l'occasion que vous demandiez.... vous l'avez trouvée...

ANTOINE. Comment cela?

PILLET. Vous savez quelle est ma position. Interdit par suite des intrigues et de l'inimitié du sieur Séran, j'ai perdu le droit d'exercer ostensiblement ma profession ; mais en m'ôtant mon titre on n'a pu m'ôter la confiance... mon étude clandestine est la plus suivie de tout le ressort, et je fournis d'affaire plusieurs de nos avocats en renom... Eh bien ! Antoine, à partir de demain, si vous le voulez, vous seul plaiderez tout.

ANTOINE. Et qu'exigez-vous de moi en retour d'une telle faveur?

PILLET, *le regardant étonné.* Ah ! c'est juste.... vous avez compris que j'exigerais quelque chose... vous commencez à entendre les affaires, mon cher ami. Eh bien ! je n'exige qu'une seule chose !.. une chose juste, dans vos intérêts encore plus que dans les miens. Vous allez épouser Louise, ses droits deviennent les vôtres ; je demande que vous poursuiviez l'affaire contre les Séran sans paix ni trève !..

ANTOINE. L'affaire contre les Séran !.. mais comment le pourrais-je ? M^{me} Guibert seule avait ce droit.... Louise ni moi ne sommes ses héritiers.

PILLET. Vous êtes ses héritiers. Six mois avant sa mort, M^{me} Guibert m'a remis un testament par lequel elle nomme Louise sa légataire universelle ; par conséquent, tous les droits qu'avait sa marraine lui sont transmis, et vous pouvez attaquer les Séran.

ANTOINE. Mais s'ils consentent à une transaction ?

PILLET. Point de transaction !.. c'est leur honte qu'il me faut... j'en ai soif, je la veux.... Ah ! si j'avais pu poursuivre moi-même cette cause !... mais j'ai les mains liées... Antoine, vous ferez tout ce que j'exigerai, vous répéterez à l'audience ce que je vous aurai dicté... vous serez mon avocat enfin... à ce prix, je vous fais telle avance que vous voudrez ; à ce prix, Louise peut être à vous demain , et vous pouvez être riche dans dix ans...

ANTOINE. O mon Dieu! ô mon Dieu !

PILLET. Et songez-y..... si vous me refusez, vous êtes perdu !... nul moyen de sortir de votre position actuelle..... moi seul vous emploie, moi seul puis vous offrir de tels avantages.... Vous êtes trop compromis avec la famille Séran pour rentrer jamais en grâce auprès d'elle ; on ne pardonne point à l'homme qui vous a fait rougir. Il faut que vous les écrasiez si vous ne voulez pas qu'ils vous écrasent. Réussissez, et on louera votre courage, car le succès justifie toujours ; vous ne serez plus un ingrat, mais le noble défenseur de l'opprimé..... vos adversaires voudraient vainement vous attaquer... le monde n'écoute plus ceux qui sont à terre. Choisissez donc, Antoine, entre la pauvreté ou la richesse... entre l'humiliation ou l'estime publique.

ANTOINE, *se laissant tomber sur une chaise près de son bureau.* O tentateur !.. tentateur !..

PILLET, *de l'autre côté du bureau, lui présentant un papier.* Voici un acte signé de moi, qui vous promet toutes les causes qui me seront apportées... sous peine d'un dédit énorme... de votre côté, vous vous y engagez à poursuivre les Séran sans accepter aucun arrangement... Signez , et vous êtes riche, heureux... tranquille... signez..

ANTOINE. O mon Dieu!.. et ce que je ferai sera permis... sera juste... Juste?.. mais ce ne sont pas les coupables que j'atteindrai... ils sont morts... c'est une veuve et un fils innocens que je vais déshonorer... Si je signe cet acte... je vends une famille... ce serait infâme... Je ne signerai pas...

PILLET. Signez... Antoine... vous vous vengez en même temps que moi..... vous haïssez aussi ces gens, Antoine..... ce sont des riches.

ANTOINE, *se levant.* Non! . dans ce moment c'est moi qui suis riche et eux pauvres... c'est moi qui les protége, moi qui leur fais l'aumône de leur honneur. Ah ! ma haine vient de ma faiblesse ; quand je deviens fort, je ne hais plus... J'ai honte d'avoir hésité.

PILLET. Ainsi , vous refusez?

ANTOINE. Je refuse.

PILLET. Réfléchissez-y, Larry ; je vous ai dit les avantages que vous trouveriez à accepter mes propositions ; maintenant apprenez les dangers qu'il y aurait à les rejeter. Vous avez souscrit des billets que vous n'avez pu payer?

ANTOINE. Je le sais.

PILLET. On a obtenu contre vous une contrainte par corps.

ANTOINE. Il est vrai !

**PILLET.** Cette contrainte est entre mes mains.

**ANTOINE.** Entre vos mains !

**PILLET.** Oui. . le prêteur est *un de mes cliens*..... je puis arrêter ou continuer les poursuites... consentez à tout, et j'anéantis ces créances... Vous le voyez, je suis maître de votre liberté... de votre bonheur... (*Avec bonhomie.*) Allons, Antoine... ne me forcez pas à des extrémités fâcheuses... que diable!.. ce serait mal à vous... je vous veux du bien, mo i... je vous aime... soyez raisonnable... Voyons, êtes-vous décidé ?

**ANTOINE.** Je refuse.

**PILLET**, *changeant de ton.* Soit... alors, moi, je sais ce qui me reste à faire... A dieu, monsieur Larry... je désire que cette vertu stoïque vous aide à supporter votre captivité et les souffrances de Louise, que vous pouviez soulager.

Il sort.

## SCENE VI.

### ANTOINE, *seul.*

Je suis content..... oh! le bien n'est pas un vain nom, je le sens aux battemens de mon cœur..... je pouvais perdre cette famille orgueilleuse, et je l'ai sauvée. Je suis content... cette bonne action a relevé mon ame. Allons, plus de lâches timidités. Demandons franchement secours à ceux qui peuvent nous l'accorder..... Avoir honte de la pauvreté, c'est autoriser les heureux à la mépriser..... Mais à qui m'adresser ?.. ma mère me parlait hier de Launay... il est absent depuis deux mois?.. S'il était arrivé? Allons, je veux m'en assurer... et quand j'aurai épuisé tous les moyens de sortir de ce gouffre... alors, à la garde de Dieu !...

## SCENE VII.

### FANNY, *puis* LOUISE.

**FANNY**, *entrant par la porte à gauche.* Antoine n'est plus là. (*Elle va à la porte de la chambre à droite où se trouve Louise.*) Louise!..

**LOUISE**, *sortant et se jetant dans ses bras.* Ah! Fanny.

**FANNY.** Chère sœur! (*Elle regarde autour d'elle.*) Nous sommes seules... j'ai une lettre pour toi.

**LOUISE.** De lui...

**FANNY.** De lui...

**LOUISE.** Que peut-il me dire ?

Elle lit.

« Chère Louise,

» Je n'ai point osé me présenter chez » vous, et cependant je veux vous voir, » je veux obtenir mon pardon... Que de » choses vous m'avez cachées, Louise !.... » Pourquoi n'ai-je pas su plus tôt votre » position?.. vous trouverez dans cette » lettre, le contrat de la pension consentie » à votre marraine, que j'ai fait passer » à votre nom, et le paiement de la pre- » mière année. Acceptez sans crainte, ceci » n'est pas un don, mais une dette. Quand » vous reverrai-je, et comment?.. Si vous » ne voulez me pousser à quelque extré- » mité dangereuse..... dites-moi où je » pourrai vous parler. »

Oh ! non ! non ! je ne le veux pas, je ne le dois pas.

**FANNY.** Et cependant, Louise, s'il allait venir ! tu sais avec quelle hardiesse il s'est déjà présenté une fois.

**LOUISE.** N'importe..... je m'exposerai à tout, plutôt qu'à le voir..... O Fanny!.. tu ne sais pas combien j'ai peur de ma faiblesse... ne me quitte jamais. Quand il me parle, vois-tu, j'oublie tout, ses torts, mes promesses à Antoine... Je n'entends que sa voix qui me fascine... Oh ! non, non, je ne veux pas le revoir !

**FANNY.** Comment faire alors...

**LOUISE.** Je veux lui écrire... Je lui dirai que j'ai des devoirs à remplir!.. que j'y veux être fidèle... Je le supplierai à genoux de ne pas continuer une poursuite qui peut me déshonorer.

**FANNY.** Il ne t'écoutera pas ; ne lui as-tu pas laissé lire dans ton cœur ?

**LOUISE.** Eh bien! j'ajouterai, s'il le faut, que je l'ai trompé, que je ne l'aime pas... Mon Dieu, vous me pardonnerez ce mensonge ! Oui, je veux lui écrire... ici... à l'instant même. (*Elle va au bureau de Larry.*) Tu feras parvenir ma lettre... n'est-ce pas, Fanny?..

**FANNY.** Je le ferai.

**LOUISE**, *près de la table.* Laisse-moi me recueillir... me préparer... prends garde surtout qu'on ne vienne me surprendre.

Elle serre la main de Fanny.

**FANNY.** J'y veillerai ! (*A part.*) Pauvre sœur... elle l'aime plus qu'elle ne croit...

## SCENE VIII.

### LOUISE, *seule, à la table.*

Que vais-je lui dire?.. et comment lui faire croire à une indifférence qui est si loin de mon cœur?..

## SCENE IX.

### LOUISE, ANTOINE, *accourant.*

ANTOINE. Ah! Louise... Louise, vous voilà... oh! réjouissez-vous, Louise..... quelque justes que soient vos regrets... faites-y trève un instant, pour partager ma joie.

LOUISE. Que vous est-il donc arrivé?

ANTOINE. Un bonheur que rien ne pouvait me faire espérer. . Je sortais, résolu à me rendre chez Launay, et à lui exposer ma situation... j'espérais en son amitié.... Je ne m'étais pas trompé... elle m'avait prévenu... une lettre de lui m'a été remise à quelques pas de la maison... une lettre qui comble tous mes vœux.

LOUISE. Comment cela?

ANTOINE. Sa famille vient d'apprendre que de graves intérêts qu'elle avait en Allemagne étaient compromis; il fallait un homme probe, actif... Le succès que j'ai obtenu dernièrement dans une affaire de ce genre a fait penser à moi... Launay me propose de me charger de cette liquidation, en m'assurant des avantages considérables.

LOUISE. Est-il possible?

ANTOINE. Seulement, Louise... comme il faut sans doute qu'un peu d'amertume soit mêlée à toutes les joies humaines..... je dois partir sur-le-champ... si je veux profiter des propositions qui me sont faites.. Launay m'attend à Strasbourg, d'où il m'écrit.

LOUISE. Partir!...

ANTOINE. Oui... et pour quelque temps, sans doute.

LOUISE. Oh! ne partez pas, Antoine... je vous en supplie, ne partez pas!...

ANTOINE. Il le faut, Louise, songez que c'est votre avenir... Ici, vous le voyez, nulle voie ne s'ouvre pour moi; tous les moyens de gain me manquent. Serait-il sage d'en laisser échapper un qui se présente d'une manière si inattendue?

LOUISE. Ah! ne me quittez pas... j'ai peur de vous voir partir.

ANTOINE. Enfant.... je sais bien qu'au moment d'un départ subit les superstitions du cœur se réveillent... mais ne craignez rien.... je crois qu'à partir d'aujourd'hui le ciel m'a pris sous sa protection... puis, je suis si peu accoutumé au bonheur, n'altérez pas par vos regrets celui que je ressens... ô Louise, laissez-moi le goûter tout entier!

LOUISE. Ah! rester seule!

ANTOINE. Votre sœur ne sera-t-elle pas près de vous?.. et... si je ne suis plus là... peut-être.. conserverez-vous mon souvenir... oh! laissez-moi le croire du moins!... Hélas! jusqu'à ce moment, je n'ai pu vous ouvrir mon âme... vous m'avez toujours vu sombre et froid près de vous... j'étais si malheureux!... Mais au retour, Louise, vous saurez tout ce qu'il y a là de tendresse pour vous... Adieu, ce mot n'a rien de triste, c'est l'appel d'un cœur qui vous confie à la protection de Dieu..... Oh! c'est à lui seul que je puis confier un aussi cher trésor!.. Louise, pensez à moi... non tristement, mais avec une confiance sereine... et, quel que soit mon éloignement, quel que soit le jour, quelle que soit l'heure, dites-vous, s'il vit, il travaille pour moi.

LOUISE. Antoine!.. oh! vous êtes trop bon... trop noble pour moi... c'est trop de dévouement... Oh! mon Dieu!... pardonnez-moi.

ANTOINE. Et que te pardonnerais-je, chère fille?

LOUISE. Ah! je ne vous mérite pas.

ANTOINE. Tais-toi... tais-toi, enfant... Penses-tu donc encore aux futiles querelles qui nous ont parfois tourmentés... ah! que sont, dans ce moment, de pareils souvenirs?... ne sens-tu donc pas ton cœur plein de miséricorde?... On ne s'aime bien que deux fois dans la vie, au moment du départ et au moment de la mort... Je ne te pardonne pas, Louise... je te bénis.

LOUISE, *se jetant sur son sein, avec un cri.* Ah!

## SCENE X.

### LES MÊMES, UN GARDE DU COMMERCE.

ANTOINE. Qui vient là?...

FANNY, *introduisant le garde du commerce par le fond.* Entrez, monsieur... On vous demande, monsieur Antoine.

ANTOINE. Moi?..

LE GARDE. Monsieur Larry, avocat.

ANTOINE. C'est moi, monsieur.

LE GARDE. Monsieur, je suis porteur de créances dont je viens réclamer le paiement; faute duquel... je vous arrête.

LOUISE. Ciel!...

FANNY. Ah! mon Dieu!

ANTOINE. Monsieur... j'ai actuellement la certitude de pouvoir solder ces billets... mais non dans l'instant même.

LE GARDE. Alors, suivez-moi.

ANTOINE. Ah! je devais attendre ce coup... la main sur le bonheur il m'échappe... Je suis maudit!

LOUISE. Ah! j'avais oublié!.. (*Elle tire de son sein un papier.*) Antoine, M. Séran a passé en mon nom la pension qu'il accordait à ma marraine... en voici le paiement. (*Au garde.*) Prenez, monsieur; cela suffit-il?...

LE GARDE. Cela suffit.

LOUISE, *se jetant dans les bras d'Antoine.* Ah! vous êtes libre, Antoine... Mon Dieu! j'aurai donc pu vous être utile une fois!

# ACTE IV.

Le théâtre représente une chambre propre, mais sans élégance. Portes à droite, à gauche et au fond.

## SCENE PREMIERE.
### Mᵐᵉ LARRY, *entrant par le fond.*

Personne... c'est bien ici pourtant qu'elles demeurent toutes deux!.... Je suis bien aise de voir par moi-même si ce qu'on dit de Louise est vrai .. Je serais trop heureuse.... je n'aurais pas alors à craindre son mariage avec Antoine.... Mais voici sa sœur...

## SCENE II.
### Mᵐᵉ LARRY, FANNY, *entrant par la gauche.*

FANNY. Ah!.. madame Larry.

Mᵐᵉ LARRY. Moi-même!... vous ne m'attendiez guère, n'est-ce pas

FANNY. Madame...

Mᵐᵉ LARRY. Non.... vous avez quitté la maison et le quartier si subitement, voilà trois mois que personne ne savait où vous trouver. Et votre sœur... elle n'est pas là?...

FANNY, *avec trouble.* Non... madame... elle est sortie...

Mᵐᵉ LARRY. Ah! fort bien!... elle sort souvent, à ce qu'il paraît!... c'est à la suite d'une sortie comme cela, qu'elle n'est point revenue à la maison... et que vous avez disparu vous-même trois jours après!.. Cela a fait bien causer dans le voisinage; on disait que Louise avait été enlevée par un conseiller-d'état... Le fait est qu'il y a de quoi s'étonner que vous n'ayez dit à personne pourquoi vous partiez, ni où vous alliez.

FANNY. Personne ne s'intéressait assez à nous, pour que nous prissions cette précaution, madame... nous n'avions lieu de compter sur aucune visite.

Mᵐᵉ LARRY. C'est pour moi que vous dites cela, n'est-ce pas?...

FANNY. Madame...

Mᵐᵉ LARRY. C'est juste... c'est gênant pour certaines jeunes filles d'être surveillées.. Cependant, comme mère d'Antoine, j'avais peut-être le droit de savoir ce que devenait sa fiancée pendant son absence...

FANNY. M. Antoine connaissait notre nouvelle demeure, madame...

Mᵐᵉ LARRY. Je sais... c'est lui qui m'a donné votre adresse, et c'est même sur sa recommandation que je suis venue... Il se plaint du silence de Louise... il y a deux mois qu'il n'a reçu de ses nouvelles... il craignait qu'elle ne fût malade, et il m'a suppliée de m'en informer. Ainsi je lui dirai qu'elle est bien, mais qu'elle ne se montre pas... cela suffit... (*Regardant autour d'elle.*) Vous êtes bien ici... très-bien.. en entrant dans l'antichambre, j'ai cru un instant que je me trompais de logement.

FANNY. Pourquoi?...

Mᵐᵉ LARRY. J'ai vu sur une table, dans la chambre voisine, une cravache, des gants d'homme, une paire de pistolets!... je ne savais pas que les armes à feu fissent partie d'un mobilier de jeunes filles.

FANNY, *très-troublée.* Mon Dieu!... madame... ces armes... ont été oubliées ici... en revenant du tir... par... par...

Mᵐᵉ LARRY. Par un conseiller-d'état, peut-être?... Du reste, après tout, cela ne me regarde point, n'est-ce pas?... Désolée de vous avoir dérangée!.. Ma commission est faite... j'ai vu ce que je voulais voir... Adieu, mademoiselle... (*A part.*) Elles ne se doutent pas que Larry arrive ce soir.... maintenant je ne crains plus ce mariage. (*Haut.*) Au revoir, mademoiselle, rappelez-moi au souvenir de votre sœur... (*En s'en allant.*) Cette demoiselle qui ne se montre plus!...

*Elle sort.*

## SCENE III.
### FANNY, *puis* LOUISE.

FANNY. La méchante femme!

LOUISE, *entrant vivement par la gauche.* Ah! elle est partie!...

FANNY. Tu étais là?

LOUISE. Et j'ai tout entendu!.... Fanny, tu le vois, mon malheur est connu de tout le monde. Cette disparition subite... ils ne l'ont que trop bien expliquée... Ah ! mon Dieu ! mon Dieu !...

FANNY. Ma sœur, ne te laisse pas abattre ainsi ; tu as été plus malheureuse que coupable !... Arthur a employé la ruse, la violence même... Comment une pauvre fille aurait-elle résisté à tant de moyens réunis pour la perdre ?..

LOUISE. Ah ! rien ne m'excuse, Fanny... il fallait avoir la force de mourir, puisque je n'avais pas eu celle de me défendre !.. et j'ai vécu !.. J'ai fait plus, mon Dieu !.. j'ai continué à l'aimer ! Ah ! là est ma honte !... oui, Fanny, telle est la puissance de cette fatale passion, que, malgré tout, je l'aime !.. Trompée par lui !... perdue... délaissée bientôt !... je l'aime ! et au milieu de tous mes malheurs, malgré moi, un seul me préoccupe... son abandon ! car, tu le vois... il m'oublie ! depuis huit jours je ne l'ai point vu... je lui ai écrit !. je l'ai menacé de me présenter chez lui ! et il n'est pas venu.

FANNY. Il peut venir à chaque instant.

LOUISE. Je voudrais le croire, mais je m'efforce vainement de me tromper moi-même. Depuis quelque temps, Arthur est froid, distrait, il semble embarrassé en ma présence... on dirait qu'il ne m'aime plus, et que cependant, par pitié, il n'ose m'abandonner ! Ah ! j'espère et j'attends toujours... mais cette attente, vois-tu, c'est une agonie ! Depuis quelques jours, je forme mille projets que j'abandonne aussitôt...Par instans, je me rappelle ce qu'Arthur m'a dit si souvent, que sa famille était le seul obstacle à notre union, et alors, je veux aller chez sa mère, me jeter à ses pieds, lui demander à mains jointes de ne pas me repousser... mais, prête à partir, la force me manque.... les larmes me gagnent.... et je ne puis faire un pas.

FANNY. Tâche de trouver du courage, Louise... peut-être qu'une pareille démarche te sauverait. D'ailleurs, tu le sais trop bien, tu ne peux rester plus long-temps dans cette incertitude ; ta position peut devenir chaque jour plus cruelle... Si Antoine revenait !

LOUISE. As-tu appris quelque chose ?

FANNY. Rien... mais son absence dure depuis quatre mois, et ses dernières lettres parlaient d'une prochaine arrivée.

LOUISE. Ah ! je n'ai pas calculé les jours ! je savais bien que son retour était un malheur inévitable ; mais, sûre de marcher vers l'abîme, j'ai fermé les yeux. J'aurais dû tout lui écrire, mais le courage m'a manqué ; puis, uniquement préoccupée de mes souffrances et de mon fatal amour, pouvais-je penser à autre chose ?.. ces quatre mois se sont écoulés pour moi comme une nuit de fièvre et de délire.

FANNY. Le moment est venu de rappeler ta raison, Louise ; il faut te sauver à tout prix. Si tu ne peux trouver la force d'aller te jeter aux pieds de la mère d'Arthur, et de lui tout avouer.. . eh bien ! j'irai, moi...

LOUISE. Que dis-tu ?

FANNY. Ne suis-je pas ta sœur aînée ? n'est-ce point à moi de te protéger ? de te tenir lieu de mère ? J'irai, te dis-je... je raconterai tout à Mme Séran... elle saura comment tu as été trompée, combien tu es malheureuse... et il faudra bien qu'elle m'écoute, car rien ne me rebutera.

LOUISE. Oh ! bonne fille, va.

FANNY. Allons, Louise, du courage... tu as quelqu'un qui t'aime... et qui ne t'abandonnera point... Ainsi, tout n'est pas perdu !.

*Elle va pour sortir, se détourne, et vient encore se jeter dans les bras de Louise.*

## SCENE IV.

### LOUISE, *seule.*

Ma vie va se décider... ma tête se perd à cette pensée. Mais qu'importe après tout.. quand je n'aurai plus d'espoir... quand la force me manquera... eh bien ! n'ai-je point, depuis long-temps, préparé le moyen d'échapper à de trop longues souffrances ?.. Mais quelqu'un vient.

## SCENE V.

### LOUISE, ARTHUR.

LOUISE, *s'élançant dans les bras d'Arthur.* Ah ! Arthur !

ARTHUR, *un peu brusquement.* Bonjour, Louise.

LOUISE, *à part, avec timidité.* Il est fâché.

ARTHUR. Je ne suis arrivé que cette nuit d'un voyage de quelques jours.

LOUISE, *à part, avec joie.* Ah ! il était absent.

ARTHUR. J'ai trouvé toutes vos lettres, et la dernière dans laquelle vous m'annonciez l'intention de vous présenter chez moi... Je suis venu pour vous éviter une folie.

LOUISE, *timidement.* Arthur, pardonnez-moi... Si vous saviez ce que j'ai souffert... j'ignorais votre absence ; pourquoi ne m'en avoir point avertie ?

ARTHUR. Puis-je donc vous prévenir de toutes mes actions ? Mais sachez-le, Louise, la démarche dont vous me menaciez nous aurait brouillés.

LOUISE. Comment?

ARTHUR. Je ne veux point que notre liaison devienne un motif de ridicule scandale. Il est des convenances que ma position m'oblige à respecter... vous ne pourriez venir chez moi sans me compromettre·

LOUISE, *en tressaillant.* Vous compromettre!... Ah! c'est juste... Une pauvre fille comme moi n'a pas même de réputation à perdre.... votre amour est une grâce... le mien vous serait une honte.

ARTHUR, *avec impatience.* Qui vous a dit cela?

LOUISE. Oh! je le sais... Nous autres filles du peuple, ne sommes-nous point trop heureuses de fixer vos regards? La préférence d'une grande dame vous enorgueillit, vous vous parez de son amour comme d'un trophée; mais nous, nous n'avons pas même l'avantage de rendre notre amant fier, en lui sacrifiant tout.

ARTHUR. Vous êtes insensée, Louise... qui a pu vous exalter ainsi?... Pourquoi m'écrire coup sur coup?.. Pourquoi me menacer?... Puisque je ne venais pas, vous saviez bien que j'étais absent... Ne pouviez-vous attendre avec calme mon retour?

LOUISE. Du calme!... du calme!.... quand on souffre et qu'on aime!

ARTHUR. Toujours les mêmes plaintes.. Je n'entre plus ici que pour voir couler vos pleurs.

LOUISE. J'ai tort, sans doute... vos visites sont si rares et si courtes, que je devrais retenir mes larmes en votre présence... ne me laissez-vous pas assez de temps pour pleurer seule!

ARTHUR. Louise, en vérité, vous me ferez croire que vous voulez rendre nos entrevues pénibles... vous semblez prendre à tâche de faire moins désirer votre amour.

LOUISE, *éclatant.* Et qui l'a demandé, cet amour?.. Est-ce moi qui ai eu recours aux supplications?.. Est-ce moi qui ai employé toutes les ruses et toutes les promesses?... Vous vous plaignez de ces larmes... ah! je n'en versais pas avant de vous connaître... j'étais heureuse, j'étais tranquille... je pouvais lever le front partout sans rougir... c'est vous qui pleuriez alors et moi, je n'ai pas eu la force de résister à vos larmes... et maintenant, parce que je vous ai cru, vous m'accusez!.. Vous m'avez demandé à deux genoux de vous aimer... et parce que j'aime, vous me fuyez!.. Rendez-moi donc alors la paix que vous m'avez ôtée... Rendez-moi l'estime des autres et de moi-même.... Vous avez brisé dans mes mains tout ce qui me

soutenait... et maintenant, vous ne voulez pas que je m'appuie sur vous!.. Mais ayez donc au moins de la justice, si vous n'avez plus d'amour; ayez de la compassion, si vous n'avez plus de justice.

ARTHUR, *prenant son chapeau.* Je reviendrai quand vous serez plus calme.

LOUISE. Arthur!... O mon Dieu! le voilà offensé maintenant!... Prenez-moi en pitié... Eh bien! oui, j'ai tort... pardonnez-moi... je ne me plaindrai plus... je ne pleurerai plus... il ne faut pas m'en vouloir... songez que vous êtes tout pour moi... que sans vous je ne puis plus vivre... Arthur, je suis ta bien-aimée... ta femme, car tu me l'as promis. J'ai tort d'avoir peur... Tu m'aimes, que m'importe le reste? Arthur, oh! parle-moi... dis-moi que tu me pardonnes... Tiens, faut-il te demander grâce?.. Faut-il me mettre à genoux?

ARTHUR. Levez-vous, Louise... vous êtes aussi folle dans vos repentirs que dans vos reproches. Je voudrais vous épargner les chagrins que vous vous faites, calmer votre exaltation. Dans la vie, les circonstances vous dominent souvent; il faut sacrifier ses goûts à la raison. Moi-même, croyez-vous que je fasse tout ce que je veux?.. Le monde impose mille obligations auxquelles on ne peut échapper. (*Il lui prend la main.*) Pauvre enfant... allons, soyez plus raisonnable. Surtout songez à ce que je vous ai dit, et prenez garde que quelques démarches imprudentes ne fassent connaître notre liaison..... vous ne savez pas tout ce que je pourrais avoir à en souffrir.

LOUISE. Votre mère est-elle donc si sévère qu'elle ne puisse pardonner une faute?

ARTHUR. Tu ne peux pas juger ma position; qu'il te suffise de savoir que le moindre éclat de ta part pourrait nous séparer à jamais.

LOUISE, *à part.* Dieu! et cette démarche de ma sœur.

ARTHUR. Mais il faut que je te quitte...

LOUISE. Déjà!

ARTHUR. On m'attend.

*Un domestique entre avec une lettre qu'il remet à Louise.*

LE DOMESTIQUE. Pour mademoiselle Louise Fortier.

*Il sort.*

ARTHUR. Qu'est-ce que c'est... quelle est cette lettre?

LOUISE, *la lui apportant.* Je ne sais... Voulez-vous la lire, mon ami?

ARTHUR, *l'ouvrant*. D'Antoine Larry.

LOUISE. Dieu !

ARTHUR. Trois lignes seulement... il annonce son arrivée pour aujourd'hui.

LOUISE. Que dis-tu?.. Antoine ici... aujourd'hui!.. Oh! mais que devenir alors? Je ne veux pas l'attendre... je mourrais de honte à ses pieds.

ARTHUR. Calme-toi.

LOUISE. Il ne sait rien... il revient pour m'épouser!... O mon Dieu! je vais le voir arriver joyeux... les bras ouverts... en m'appelant sa fiancée... moi déshonorée!.. oh! c'est impossible... je ne resterai pas, je ne veux pas qu'il me voie... Arthur, sauve-moi, cache moi...

ARTHUR. Je le voudrais... (*A part.*) Quelle idée!... Oui, ce sera le moyen le plus sûr d'éviter quelque imprudence de sa part.... (*Haut.*) Tu as raison, Louise, il ne faut pas qu'il te trouve...mais alors tu ne peux rester ici.

LOUISE. Eh bien! emmène-moi.

ARTHUR. Il faut que tu partes, que tu quittes Paris.

LOUISE. Et toi?

ARTHUR. Moi, je ne puis te suivre... mais je te conduirai dans quelque village peu éloigné où tu pourras vivre cachée.

LOUISE. Et tu viendras me voir?

ARTHUR. Sans doute.

LOUISE. Souvent?

ARTHUR. Autant que je le pourrai... C'est le seul moyen d'échapper à Antoine.

LOUISE. Eh bien! soit... tu as raison; je lui ferai savoir que je ne puis plus être à lui; j'éviterai au moins la honte de le voir.

ARTHUR. Ne crains rien, Louise! je vais tout préparer.

LOUISE. Tu pars déjà.

ARTHUR. Il le faut. Je reviendrai dans deux heures, et je te conduirai moi-même... Au revoir.

LOUISE. Dis-moi du moins que tu ne m'en veux plus.

ARTHUR. Moi t'en vouloir..... pauvre enfant! (*Il l'embrasse.*) Adieu.

## SCENE VI.

### LOUISE, *seule*.

Oui, il vaut mieux que je parte. A la campagne nul ne saura qui je suis; je n'aurai point, comme ici, à baisser les yeux vant ceux qui m'ont connue autrefois!.. Puis il viendra souvent, il me l'a promis; je serai plus tranquille ainsi.

## SCENE VII.
### LOUISE, PILLET.

PILLET. Voyons si je pourrai reprendre mes projets.

LOUISE, *en relevant la tête*. M. Pillet.
*Elle se lève.*

PILLET. Moi-même, ma chère demoiselle Louise. Je viens d'apprendre à l'instant de M^me Larry où vous demeuriez, sans quoi je serais venu depuis long-temps. Je vous rapporte les papiers que m'avait confiés votre marraine, et que je n'avais pu encore vous remettre.

LOUISE. Monsieur, je vous suis reconnaissante.

PILLET. Comme légataire de M^me Guibert ils vous appartiennent. Vous n'oublierez pas que vous avez là-dedans de quoi déshonorer les Séran et les forcer à vous payer une trentaine de mille francs; car vous n'avez point signé de transaction, on vous a seulement fait une pension; je sais cela... ainsi vos droits subsistent. Je vous dis cela par forme de conversation, et sans vous donner de conseil, quoique vous ayez peut-être assez à vous plaindre de cette famille pour ne pas la ménager...

LOUISE. Je ne vous comprends pas, monsieur.

PILLET, *d'un ton doucereux*. Allons, enfant, ce n'est point à moi que l'on fait de ces mystères!.. Je suis un ami de votre marraine; croyez-vous donc que je ne sache pas tout ce qui s'est passé?... (*Mouvement de Louise. Avec emphase.*) A Dieu ne plaise que je vous fasse des reproches!.. Vous avez été trop confiante; c'est le défaut des ames nobles et des cœurs purs!.. Je vous aime, Louise... et je vous estime!..

LOUISE, *attendrie*. Ah! monsieur!..

PILLET. Ah! seigneur Dieu! je connais tous les moyens que l'on emploie quand on est riche et qu'on veut tromper une pauvre fille : on prend un faux nom, on se présente comme un jeune étudiant, on promet de se marier dès que l'on aura une position indépendante!.. N'est-ce pas ainsi que tout s'est passé ?

LOUISE. Oui, monsieur.

PILLET. Au besoin même on écrit des lettres sous un faux nom.... Il vous a écrit sous un faux nom, n'est-ce pas ?

LOUISE. Il est vrai; mais permettez... je m'explique mal l'intérêt que ces tristes détails peuvent avoir pour vous.

PILLET. Comment, chère enfant! l'intérêt qu'ils auraient pour tout homme de cœur. Ne suffit-il pas, pour plaindre votre situation, de voir ce que vous souffrez!

**LOUISE.** Je ne me plains pas, monsieur.

**PILLET.** Et croyez-vous qu'on ne comprenne pas votre douloureux silence? Pauvre fille! ( *Il lui tend les deux mains; moment d'attendrissement.* ) Et il vous a écrit aussi son vrai nom?

**LOUISE.** Oui, monsieur.

**PILLET.** Et il a renouvelé ses promesses de vous épouser?

**LOUISE.** Oui.

**PILLET.** Vous avez toutes ses lettres?

**LOUISE.** Je les ai toutes.

**PILLET,** *vivement.* Eh bien! Louise, vous serez la femme de Séran; laissez-moi seulement me charger de cette affaire, et je vous jure de le forcer à remplir sa promesse.

**LOUISE.** Que dites-vous?

**PILLET.** Ces papiers et les lettres que vous avez pourraient le perdre; menacez-le de vous en servir, et il consentira à vous épouser.

**LOUISE.** Employer la menace pour qu'il m'épouse!.... ah! jamais, monsieur!... J'ai confiance en lui, et j'attends qu'il puisse remplir sa promesse.

**PILLET.** Il ne la remplira pas : il vous trompe.

**LOUISE.** Qu'en savez-vous?

**PILLET.** Demain il se marie.

**LOUISE.** Dieu! c'est impossible.

**PILLET.** J'ai vu de mes yeux l'annonce publique de son mariage.... et si vous en doutez, ce journal vous l'attestera.

Il lui présente un journal.

**LOUISE,** *lisant.* « M<sup>lle</sup> Ernestine Morsel-
« le!... M. Arthur Séran!... »

Elle chancelle.

**PILLET,** *lui donnant une chaise.* Mon enfant!...

**LOUISE.** C'est donc vrai... il en épouse une autre... c'est bien lui... Ah!.... maintenant je comprends tout...

**PILLET.** Vous pouvez renverser tous ses projets, Louise. Son sort est dans vos mains; dites un mot, et il sera trop heureux d'acheter votre silence.

**LOUISE.** Non... non..à quoi bon ?.. Il ne m'aime plus, puisqu'il voulait m'abandonner... Moi sans défiance, sans appui, me tromper ainsi... Ah! c'est bien lâche!...

**PILLET.** Bien lâche! vous avez raison, Louise; mais vengez-vous... confiez-moi vos papiers, et, dès ce soir, je commence les poursuites.... moi aussi j'ai une vieille dette à régler avec eux, confiez-vous à moi.

## SCENE VIII.

**LES PRÉCÉDENS, FANNY,** *accourant.*

**FANNY.** Louise... ah!... essuie tes lar-

mes, je suis allée chez madame Séran, je lui ai parlé... elle me suit!..

**PILLET,** *à part.* Madame Séran.

**LOUISE.** Sa mère !..

**FANNY.** Elle veut te voir. Louise, penses-y, c'est ton dernier espoir; reviens à toi, tâche de l'attendrir.

**LOUISE,** *se levant.* O ma raison... ma raison... mon Dieu! rendez-moi un instant ma raison!

**PILLET.** Si je pouvais voir ce qui va se passer... j'agirais en conséquence... Ah! de ce cabinet je puis tout entendre.

## SCENE IX.

**LOUISE, FANNY, M<sup>me</sup> SÉRAN.**

Quand M<sup>me</sup> Séran entre, elle considère quelque temps Louise, qui la salue humblement et avec timidité; elle se détourne ensuite, et regarde Fanny, qui comprend ce mouvement et se retire; M<sup>me</sup> Séran prend une chaise, et fait signe de s'asseoir à Louise, qui reste un instant debout, et ne s'assied que sur un second geste de M<sup>me</sup> Séran, au moment où elle dit : *Je fai ici, je le sais,* etc.

**M<sup>me</sup> SÉRAN.** Mademoiselle, j'ai cédé aux supplications de cette jeune fille que vous m'avez envoyée. Je fais ici, je le sais, une démarche étrange; mais j'aime à croire que vous la méritez.

**LOUISE.** Ah! madame, je vous en remercie.

**M<sup>me</sup> SÉRAN.** Si tout ce que m'a dit votre sœur est vrai... ( *mouvement de Louise* ) et je le crois!.. mon fils a de grands torts envers vous... Mais comment puis-je les réparer? que demandez-vous?

**LOUISE,** *avec étonnement et timidité.* Ce que je demande, madame! oh! rien, je ne demande rien; seulement qu'il ne m'abandonne pas!..

**M<sup>me</sup> SÉRAN.** Permettez : je désire que nous nous entendions. Comme mère d'Arthur, je puis essayer de réparer ses désordres, mais non en souffrir la continuation. Dans votre intérêt même, mademoiselle, il est à désirer que cette dangereuse liaison soit rompue.

**LOUISE.** Oh! madame !..vous aussi...

**M<sup>me</sup> SÉRAN.** Si vous pouviez être de sang-froid, vous sentiriez cette nécessité. Vos rapports avec mon fils deviennent d'autant plus impossibles que de nouveaux devoirs vont lui être imposés... dans quelques jours il se marie.

**LOUISE.** C'est donc vrai!

**M<sup>me</sup> SÉRAN.** Arthur épouse une jeune fille qui mérite à tous égards ses respects et son amour; la trahir serait une impardonnable déloyauté; il se doit à elle tout entier.

**LOUISE,** *avec un cri.* Et moi, madame!

Mme SÉRAN. Soyez sans inquiétude, mademoiselle ; je vous l'ai dit, je tiens à vous faire oublier autant que je le pourrai les torts de mon fils. Ce soir même mon notaire viendra vous voir ; il vous remettra le contrat d'une pension qui vous sera régulièrement payée.

LOUISE, *avec un cri, se levant.* Ah ! de l'argent ! de l'argent !.... je suis donc bien méprisée !

Mme SÉRAN. Ma démarche et mes paroles vous prouvent le contraire.

LOUISE. Madame, je ne me suis pas vendue ; je ne vous ai pas demandé de m'enrichir pour prix de mon honneur et de mon repos.

Mme SÉRAN. Que voulez-vous donc ?

LOUISE. Ce que je veux ?.. ne le savez-vous pas?.. Je veux ce qu'on m'a promis, ce que veut une femme qui s'est livrée avec amour et confiance..... (*Tombant à genoux.*) Madame... au nom de Dieu, écoutez-moi, vous pouviez avoir une fille ; eh bien! supposez qu'un homme l'ait trompée, qu'elle soit là comme moi à deux genoux devant la mère de son amant, attendant la vie ou la mort... Comprenez-vous ce qu'il faudra lui dire pour qu'elle se relève, pour qu'elle vive ? Madame... regardez-moi... je suis votre fille... N'avez-vous rien à me dire... rien à m'offrir que de l'argent !.. De l'argent !.. mais. qu'en ferais-je ? C'est ma vie que je vous demande, c'est mon bonheur, c'est ma réputation... De l'argent!.. mais songez donc, je suis perdue, moi, je suis perdue.

Mme SÉRAN. Relevez-vous, de grâce... vous me faites mal...

LOUISE. Vous ne me répondez pas... Mais votre fils ne peut en épouser une autre... Il m'a fait des promesses... je l'ai cru, moi, je l'aimais tant !.. je vous dis qu'il ne peut en épouser une autre !... Madame, ne me comprenez-vous pas ?...

Mme SÉRAN. Ah !... je comprends tout... je vous plains du fond de l'âme, mademoiselle !.. mais je ne puis que vous plaindre... N'avez-vous point senti que toute union entre mon fils et vous était impossible ?

LOUISE. Impossible! mais vous voulez donc que je meure?... mais, madame, Arthur me l'a promis ; j'ai sa promesse écrite... Oh ! ne me poussez pas au désespoir, car je serais capable de tout. (*Ici M. Pillet paraît.*) Ce que je vous demande à genoux comme une grâce, c'est justice : je puis vous forcer à me l'accorder.

Mme SÉRAN. Qui vous a dit que vous eussiez ce droit, mademoiselle ?



## SCENE X.
### LES PRÉCÉDENS, PILLET.

PILLET. Moi, madame.

LOUISE. Ciel !

Mme SÉRAN. M. Pillet !..

PILLET. C'est moi, dis-je, qui ai appris à cette jeune fille qu'elle pouvait forcer votre fils à l'épouser... et je maintiens mon opinion.

Mme SÉRAN. Que dois-je croire ? tout ceci était-il préparé, et a t-on voulu me tendre un piége ?

LOUISE. Ah ! madame, je jure devant Dieu...

PILLET. Ne jurez pas, mon enfant... la supposition prouve qu'à votre place madame eût été plus habile que vous... Non, madame, rien n'était préparé, et Louise ne me savait point là. Mais puisqu'un heureux hasard m'y a conduit, je veux qu'elle en profite... vous avez tort de repousser cette jeune fille, madame : elle apporterait à votre fils une dot que nulle autre femme ne pourra lui apporter. Écoutez-moi.

Mme SÉRAN, *voulant sortir.* Adieu, monsieur...

PILLET. Voici les papiers de l'affaire des Rosiers. (*Mme Séran s'arrête.*) Vous voyez bien qu'il faut m'écouter. Ces papiers appartiennent à Louise. (*Il les donne à Louise.*) De plus, elle a des lettres de votre fils ; la plupart sont des faux, mais de ceux que la loi n'a pas prévus ; leur production en justice n'aurait donc pour résultat que d'avilir le nom de Séran ; aussi je n'en parle point ; mais ces papiers, madame... vous les connaissez... pour vous perdre, ils suffira de les présenter aux juges.

Mme SÉRAN. Faites-le, monsieur.

PILLET. Soit... mais la mémoire de votre mari sera clouée au pilori... votre fils sera déshonoré... c'est moi qui me chargerai de cela, madame. (*Il rit.*) Eh! eh! eh!

Mme SÉRAN. Essayez-le, monsieur, essayez-le ; tâchez de laver ainsi votre honte dans la calomnie ; moi et mon fils, nous vous défions et vous méprisons. Attaquez-nous, que nous jugions ce que peuvent contre un nom respecté les mensonges d'un misérable et d'une fille perdue...

LOUISE, *jetant un cri.* Ah! madame, madame... arrêtez...

Mme SÉRAN. Laissez-moi, j'ai trop écouté la faiblesse de mon cœur... maintenant je rougis de la pitié que je vous ai montrée.

LOUISE. Madame... un instant... un seul instant... Je n'ai point de prière à vous faire... Non... je n'ai point voulu ce qui vient d'arriver... Je suis innocente.. mais, n'importe... c'est Dieu qui a tout conduit. Je n'ai plus rien à vous demander... Mais avant que tout soit fini pour moi... ces papiers... dont on vous a menacée... les voilà...

PILLET, *voulant l'arrêter.* Louise !...

LOUISE. Prenez-les, madame... je n'en veux plus, je n'en ai plus besoin. Madame... dites à votre fils qu'il ne pense plus à moi... qu'il ne revienne plus ici. (*Entrée de Fanny.*) Oh ! c'est trop souffrir.

*Elle court au cabinet à gauche et ferme la porte après elle.*

M^{me} SÉRAN. Arrêtez !...

PILLET. Dieu !

FANNY, *courant à la porte par laquelle Louise a disparu.* Louise !... oh ! fermée... fermée... et il y a là des armes...

# ACTE V.

*Le théâtre représente une chambre à coucher. Un canapé sur le devant à gauche, et, au fond, une table sur laquelle se trouve une boîte de pistolets ouverte. Portes au fond, à droite et à gauche.*

## SCENE PREMIERE.

FANNY, PILLET, *entrant par le fond.*

PILLET. Eh bien !...

FANNY, *montrant le cabinet.* Elle est là.. elle écrit.

PILLET. Elle est calme ?...

FANNY. Elle est calme. Lorsqu'après cette scène affreuse avec M^{me} Séran, elle courut se renfermer, je crus qu'elle avait pris quelque terrible résolution... Ces armes laissées par M. Arthur pouvaient lui donner l'idée et les moyens de mourir.. Jugez de mon épouvante !.. par bonheur, j'avais la clef de cette autre porte... (*elle montre la porte à droite*) j'y ai couru... je suis entrée et j'ai trouvé Louise dans ce cabinet... ( *elle montre le cabinet à gauche* ) pâle, muette, mais tranquille.

PILLET. Très-bien... elle m'a fait une peur... (*A part.*) Que serait devenue notre affaire !... (*Haut.*) Allons, rien n'est encore perdu... tandis que vous couriez à votre sœur, moi, j'ai réparé son imprudence.

FANNY. Comment cela?..

PILLET. Ces papiers qu'elle avait remis à M^{me} Séran, c'était votre fortune, notre espoir à tous ; avec eux nous tenons ces gens-là à la gorge, et nous pouvons tout exiger.

FANNY. Mais nous ne les avons plus.

PILLET, *les montrant.* Les voilà... (*il rit*) eh ! eh ! eh ! Oh ! moi, je ne me laisse pas dépouiller ainsi. Quand vous nous avez quittés, M^{me} Séran est sortie toute troublée, je l'ai suivie. J'ai exigé qu'elle me rendît ces pièces, dont je me suis déclaré dépositaire et responsable... elle a refusé. Alors je l'ai suivie, j'ai élevé la voix, j'ai pris à témoin les voisins accourus, que l'on me dérobait des papiers qui m'appartenaient... Que vous dirai-je enfin? M^{me} Séran, encore émue de cette scène avec votre sœur, effrayée de mes menaces, a perdu la tête, je lui ai enlevé le dossier,

et maintenant je me ferais arracher le cœur plutôt que de l'abandonner.

FANNY. Louise ne consentira jamais à s'en servir.

PILLET, *prenant du tabac.* Nous verrons cela, nous verrons cela, ma chère. ( *Il ferme bruyamment sa tabatière.*) Antoine reviendra quelque jour.

FANNY. Il arrive à l'instant même.

PILLET. En vérité?..

FANNY. Il a déjà fait apporter ici différens objets, destinés à Louise, sans doute. Nous l'attendons de minute en minute.

PILLET A merveille... Ah ! il revient !... (*A part.*) Cette fois, j'espère qu'il ne refusera pas d'attaquer les Séran... quand il saura ... Allons, tout est pour le mieux... (*Haut.*) Je me retire alors, chère Fanny... je ne veux pas gêner Antoine... je veux laisser à Louise et lui le temps de se faire leurs confidences... (*A part.*) Cela fouettera le sang de Larry, il sera mieux disposé à m'entendre. (*Haut.*) Je reviendrai après... dans une heure... Ah! ce cher Antoine, il revient... Au revoir, mon enfant, au revoir !

## SCENE II.

### FANNY, *seule.*

Qui sait?.... Louise ferait bien peutêtre de suivre les avis de M. Pillet, et d'épouvanter cette famille orgueilleuse!...

## SCENE III.

FANNY, LOUISE, *sortant du cabinet à gauche.*

LOUISE, *très-pâle et abattue.* Tu es encore là, Fanny?...

FANNY. Je n'osais m'en aller... je craignais que tu n'eusses besoin de moi... tu parais si souffrante.

LOUISE. Ce n'est rien... tu vois que je suis calme. Antoine va arriver... je suis décidée à le recevoir; mais j'ai peur de son émotion... de la mienne...il ne s'attend pas à me trouver souffrante!... Va au-devant de lui... prépare-le... à ce qu'il doit voir... je voudrais lui éviter un coup trop douloureux et trop imprévu.

FANNY. Ne crains rien... je vais l'attendre et je l'avertirai.

LOUISE. Mais surtout... écoute... quand Antoine sera ici, veille bien à ce que personne n'entre... Arthur devait venir me chercher... il viendra peut-être encore... et s'ils se rencontraient... tu comprends... ce serait terrible!... prends-y garde.

FANNY. Je te le promets, ma sœur.

*Fanny sort par la porte du fond qui reste ouverte.*

LOUISE. C'est bien. (*Elle regarde à la pendule. A part.*) Voici l'heure... Larry est arrivé sans doute; il faut que je lui parle, que je le console... Allons, pourquoi ce frémissement intérieur?... qu'ai-je à craindre?.. ne vais-je pas être bientôt guérie de la vie?..je sens déjà dans mon sein la mort... et la mort... c'est le repos!... Encore un instant de courage pour préparer Antoine à cette nouvelle!...Ah! quelqu'un monte!

FANNY, *rentrant.* C'est lui.

LOUISE. Lui...

*Elle chancelle, et s'appuie sur le canapé.*

## SCENE IV.

### LES MÊMES, ANTOINE.

ANTOINE *se précipite en s'écriant.* Louise!

FANNY *se jette au-devant d'Antoine, et mettant un doigt sur sa bouche, dit à demi-voix.* Antoine... prenez garde... elle est souffrante.

ANTOINE. Dieu! ( *Il s'approche lentement et dit avec une émotion continue.*) Louise.... me voilà.... j'arrive.... j'étais bien heureux, car j'avais réussi... mais je vous trouve malade... (*il s'approche*) bien malade, Louise... (*Il s'approche encore, la regarde, et s'écrie en lui prenant les deux mains.*) Louise... Dieu, qu'elle est pâle!

LOUISE. Je souffre... je souffre beaucoup.

ANTOINE. Mais qu'avez-vous donc?

LOUISE. Un mal profond...

ANTOINE. Oh! ne dites pas cela... ayez pitié de moi. Non, non, le mal n'est point si grand que vous croyez.... me voilà de retour, et je vous soignerai... le bonheur vous rétablira... rien ne vous manquera désormais... car je reviens riche, Louise... riche pour nous du moins qui avons peu d'ambition. Reposez-vous.... voyons.... ( *Il la fait asseoir sur le canapé, et va chercher une chaise. Louise fait un signe à Fanny, qui sort.*) Vous ne me demandez rien de mon voyage.... Tout m'a réussi... Ne vous laissez donc point abattre!..

Voyez-vous, j'ai déjà pensé à tout; nous irons loger à la campagne.. J'achèterai une de ces maisonnettes tapissées de vignes, que vous aimez tant; là du moins vous aurez de l'air, des fleurs ; le soir nous entendrons chanter les oiseaux sur nos lilas!... Cela ne vous paraîtrait-il pas bien doux? Et moi! songez quelle joie de vous avoir faite heureuse, moi, Louise, qui vous aime tant.

LOUISE. Oh! vous avez tort. Pourquoi m'aimez-vous, Antoine? Je n'ai jamais été qu'une cause de douleur dans votre vie... Je ne vous ai point compris, moi!.. Vous étiez trop noble, trop grand; je vous ai toujours abaissé à ma taille.

ANTOINE. Louise, ne dites pas cela.

LOUISE. Une autre pourrait vous rendre plus heureux.. moi, je ne suis pas digne de vous... Quel bien ai-je fait depuis que je suis née? Qui ai-je rendu heureux?.. Je n'ai été quelque chose sur la terre que parce que je suis devenue pour vous une occasion d'être généreux... c'est là ma seule excuse d'avoir vécu.

ANTOINE. De grâce! ne me parlez pas ainsi, Louise. Vous demandez quel bien vous avez fait?.. mais ne m'avez-vous pas inspiré le courage?.. N'est-ce pas vous qui m'avez donné la force de marcher dans l'existence, en vous montrant à moi comme le but?.. Vous demandez de qui vous avez fait le bonheur... Mais n'allez-vous pas faire le mien?

LOUISE. Le vôtre! ô mon Dieu!

ANTOINE, *avec passion.* Mais tu ne sais donc pas comme je t'aime, Louise?.. Tu m'as vu toujours malheureux, toujours amer ou froid, et tu ne connais pas la tendresse que renferme cette ame!... Mais songe donc que pour t'avoir j'ai supporté le dédain, la misère, le désespoir.. que, perdu dans les derniers rangs, j'ai écarté la foule, vaincu les impossibilités, qu'enfin, j'ai soulevé un monde, rien qu'avec mon amour. Crois-tu que j'aurais lutté si longtemps sans toi? Le succès, la fortune, la réputation, c'était toi. Je ne voyais que toi partout. Les obstacles m'irritaient, mais ne m'arrêtaient pas, je les brisais sur mon cœur. L'espoir de te posséder, vois-tu, Louise, cela me tenait lieu de tout.. c'était mon étoile... le bonheur même... je n'en voulais que pour t'en donner... Qu'en aurais-je fait seul?.. La vie la plus douce vaut-elle qu'on vive?... mais pour moi la vie, c'est toi

LOUISE. Oh! ne dites pas cela!..... ne dites pas cela!

ANTOINE. Laisse-moi plutôt te le dire

mille fois... toujours... Je t'aime... je t'aime plus que tout... je t'aime uniquement... sans toi le monde me semblerait désert.

**LOUISE**, *se levant*. Taisez-vous... vous me brisez le cœur... Antoine, si j'étais déjà mortellement frappée..... si je n'étais qu'un cadavre qui achève de vivre son heure commencée... vous me surviriez, n'est-ce pas ?

**ANTOINE.** Si vous mourez... je mourrai, Louise.

**LOUISE**, *avec désespoir*. Non... non... mon Dieu !... Dites que vous voulez me survivre... dites que vous pouvez vivre sans moi.

**ANTOINE.** Si vous mourez, je mourrai.

**LOUISE**, *tombant à genoux*. Alors, Antoine, pardonne-moi, car je t'ai tué.

**ANTOINE.** Que dis-tu ?

**LOUISE**, *retombant*. Antoine, je meurs.

**ANTOINE.** Ciel ! qu'as-tu ?.. Louise ! reviens à toi. (*Il la soutient et la place sur le canapé ; appelant.*) Fanny !.... du secours !..... Fanny !..

**FANNY**, *accourant*. Qu'y a-t-il ?.. Dieu !

**ANTOINE.** Voyez !.. mon Dieu !.. (*Il se penche sur Louise, en l'appelant.*) Louise !

**LOUISE**, *mourante*. J'en aimais un autre.. il m'a abandonnée... j'ai voulu mourir.

**ANTOINE** *et* **FANNY.** Ah !

**LOUISE.** Je sens le poison... ma sœur.. ta main... Antoine... pardonne-moi. Arthur...

**ANTOINE**, *se redressant*. Arthur ?

**FANNY.** C'était lui.

**ANTOINE.** Oh ! ma tête... ma tête !.. Louise... ses yeux se ferment.... Elle ne m'entend plus... Du secours, mon Dieu !.. des médecins, des médecins.

**FANNY.** Ah ! oui.,, je cours.

Elle sort.

## SCENE V.
### ANTOINE, *penché sur Louise.*

Son souffle s'est arrêté.. son cœur ne bat plus... Louise ! (*Il tombe contre le canapé.*) Ah ! morte... morte.. (*Relevant la tête.*) Mais c'est impossible... tout-à-l'heure elle me parlait, là... elle me regardait !.. Oh ! je sens que je deviens fou. (*Il se précipite sur la tête de Louise, qu'il embrasse en pleurant.*) Louise, ne sens-tu donc pas mes étreintes ?... mes larmes?.. Non.. rien... rien. (*Il se relève, et regarde le cadavre, les bras croisés.*) Voilà ma force, ma joie, mes espérances... tout cela est devenu un cadavre... et c'est Arthur... le seul homme que je haïssais sur la terre... Oh! je la vengerai... Pauvre enfant !

qu'elle a dû souffrir !... Oh ! elle a bien fait de sortir de la vie... Quand j'aurais le pouvoir de rappeler dans ce corps son ame envolée, je ne le voudrais pas... Point de secours... Oui... reste morte, pauvre fille... il n'y a que la mort de miséricordieuse et de juste ici-bas... J'irai te rejoindre bientôt... Mais avant, oh ! laisse-moi m'agenouiller près de toi. (*Il la prend dans ses bras.*) Repose sur ce cœur, le seul qui te fut fidèle, et le seul, hélas ! que tu n'as jamais connu.

Il reste en silence serrant la tête de Louise entre ses bras. Il fait nuit.

## SCENE VI.
### LES MÊMES, ARTHUR.

**ARTHUR**, *entrant sans voir*. Personne dans la première chambre... Louise ?

**ANTOINE** *relève la tête*. On appelle.

**ARTHUR.** Ma mère m'a épouvanté en rentrant à l'hôtel... elle était si émue..... Si Louise avait pris quelque folle résolution..... Louise !

**ANTOINE**, *se levant vivement*. Quelle est cette voix?.. (*Il court à Arthur.*) Oh ! c'est lui !

**ARTHUR.** Antoine !

**ANTOINE.** Ah ! c'est Dieu qui vous envoie... Vous cherchez Louise, n'est-ce pas?

**ARTHUR.** Il est vrai.

Antoine le prend par la main et le traîne devant le canapé.

**ANTOINE.** La voilà !...

**ARTHUR.** Dieu ! immobile... froide... mais elle est morte !..

**ANTOINE.** Vous en êtes surpris peut-être !.. vous qui l'avez tuée !..

**ARTHUR**, *faisant un mouvement pour sortir*. Oh ! laissez-moi.

**ANTOINE.** Restez, monsieur; pourquoi détourner les yeux ? Une pauvre fille que l'on déshonore et qui meurt, cela vaut-il la peine de s'en émouvoir ?..

**ARTHUR.** Antoine... je sais quels reproches vous pouvez me faire...

**ANTOINE.** Des reproches, et pourquoi?.. Louise n'était-elle pas une orpheline, sans famille, sans appui ? On pouvait la perdre avec sécurité... On pouvait espérer qu'on serait lâche impunément.

**ARTHUR.** Monsieur !..

**ANTOINE.** Lâche !... Tu as été lâche, Séran..... mais pas impunément, entends-tu ! Tu as oublié que cette jeune fille était ma fiancée, et que je lui étais une famille et un appui. Séran, tu as à me rendre compte de la vie de cette femme !

**ARTHUR.** Je vous laisse le choix des

armes : nous nous reverrons demain.

*Il veut sortir.*

ANTOINE, *se jetant devant lui.* Vous ne sortirez pas.

ARTHUR. De la violence !..

ANTOINE. Vous ne sortirez pas !.. ( *Les bras croisés devant la porte.* ) Ah ! il y a trop long-temps que ma haine couve dans mon cœur ; il faut qu'elle déborde une fois... Cette haine... c'était un pressentiment.. je devinais en vous un ennemi !

ARTHUR. Vous avez pu être le mien , je n'ai point été le vôtre !...

ANTOINE. Vous n'avez pas été mon ennemi ! O mon Dieu ! cet homme ose dire qu'il n'a pas été mon ennemi ! J'ai travaillé quinze ans à me préparer un peu de joie et de repos ; j'ai souffert, j'ai été patient... et quand j'ai tout achevé... pendant que je joins les mains pour remercier Dieu , il vient, lui qui n'a rien fait, lui heureux par droit de naissance, il étend le bras, et me ravit mon bonheur de sa main gantée.

ARTHUR. Antoine, ce qui est arrivé sera pour moi une douleur éternelle...

ANTOINE. Tu n'es pas mon ennemi !... Ne m'as-tu donc pas appris tout ce qu'un riche pouvait faire de mal avec le pouvoir de faire le bien ! Pendant que tu me ravissais une dernière joie, et que tu perdais cette enfant sans défense, sais-tu ce que je faisais, moi... je sauvais du bagne le nom des Séran...

ARTHUR. Vous !

ANTOINE. On m'offrait d'une main de l'or, de l'autre ta perte à signer... et je refusais...

ARTHUR. Dieu !..

ANTOINE. Et j'étais pauvre pourtant... Cet or m'eût rendu heureux à jamais... Si j'avais accepté, Louise était sauvée, peut-être... Ah! pourquoi ai-je eu de la pitié ?.... Pourquoi n'ai-je pas écrasé le serpent que j'avais sous les pieds !.. Vois, tu me fais regretter d'avoir été généreux... et tu me dis que tu n'es pas mon ennemi !

ARTHUR. De grâce, écoutez-moi ; Larry, pas d'insultes...

ANTOINE. Que me diras-tu que je ne sache ? ( *Il saisit la main d'Arthur et le conduit devant Louise.* ) Regarde cette femme... je l'avais choisie encore plus pauvre et plus abandonnée que moi, pour avoir aussi le bonheur de protéger... Elle était pure, douce, heureuse... Je suis parti pour gagner de quoi lui donner du pain et un toit... et quand je suis revenu, la femme pure était déshonorée... la femme heureuse était morte de douleur...

ARTHUR. Antoine ! Antoine...

ANTOINE. Et tu n'es pas mon ennemi !.. Ah! lâche !.. tu dis cela, parce que tu as peur de mourir... mais il le faut pourtant... Oh ! une arme.. si j'avais une arme ! Ah !.. j'ai vu...

*Il court à la table où sont les pistolets.*

ARTHUR. Prétendez-vous m'assassiner ?

ANTOINE, *en lui montrant la table.* Non, non... prends cette arme et défends-toi.

ARTHUR, *saisissant l'arme vivement comme s'il voulait se défendre, puis s'arrêtant.* Non... je ne me défendrai pas... demain je serai à vos ordres... mais... ce n'est pas ici que nous pouvons vider cette querelle... c'est impossible... Revenez à la raison, Larry... (*montrant Louise* ) respectez ce cadavre...

ANTOINE. L'as-tu respecté, toi, ce cadavre ?... Ah ! malheureux ! c'est ton arrêt que tu prononces... Ne vois-tu pas là , debout près de la morte, un ange qui demande que tu meures ?.. Arthur !.. la vie pour la sienne... défends-toi...

ARTHUR. Non !...

ANTOINE. Défends-toi !...

ARTHUR. Non, non...

ANTOINE. Tu ne veux pas ?.. tu ne veux pas ?.. eh bien ! meurs !...

*Il le tue.*

## SCÈNE VII.

LES MÊMES , FANNY, PILLET, *etc.*

FANNY *et* PILLET. Ciel !

PILLET, *s'approchant d'Arthur.* Mort !...

ANTOINE. J'ai fait justice... Maintenant qu'on prenne ma vie...

PILLET, *à Antoine.* Ah ! malheureux ! avant il fallait au moins le déshonorer !

## FIN.